Sensenträume

SENSENTRÄUME

Texte aus dem Literaturlabor Leverkusen

Band 3

Bibliografische Information der Deutschen Nationalbibliothek
Die Deutsche Nationalbibliothek verzeichnet diese Publikation
in der Deutschen Nationalbibliografie; detaillierte bibliografische
Daten sind im Internet über http://dnb.d-nb.de abrufbar.

Sensenträume.
Texte aus dem Literaturlabor Leverkusen
Herausgeber: Christian Linker und Regina Schleheck
Redaktion: Christian Linker, Regina Schleheck, Stefan Andres, Ulrich Bornewasser
Umschlagdesign, Satz, Herstellung und Verlag:
BoD - Books on Demand, Norderstedt
ISBN 978-3-7543-5813-9

Europas Chemiepark

FÖRDERVEREIN
LITERATUR
IN LEVERKUSEN E.V.

Das Literaturlabor Leverkusen sowie die
Drucklegung wurden organisatorisch und finanziell
unterstützt durch den CHEMPARK.

Der Förderverein Literatur in Leverkusen e. V.
unterstützt das Literaturlabor Leverkusen.

Besonderer Dank gilt dem Industriemuseum
Freudenthaler Sensenhammer Leverkusen für
Obdach und Inspiration. Die verwendeten
Postkartenmotive sind Teil einer Ausstellung in den
Räumen des Museums 2021.

Inhalt

Vorwort des Oberbürgermeisters

Liebe Leserinnen und Leser dieser Anthologie,
Meine sehr geehrten Damen und Herren,

»Sensenträume« – so heißt die neue und dritte Anthologie, die die Mitglieder des Leverkusener Literaturlabors veröffentlicht haben.

Oberbürgermeister Uwe Richrath
Foto: Selina Pfrüner

22 Kurzgeschichten, inspiriert von Postkarten, die das Stück Industriekultur im Freudenthal an der Dhünn zeigen, sind hier zusammengetragen. Verfasst von 14 Autorinnen und Autoren, deren Protagonisten die Sensenfabrik, das historische Hammerwerk und die seit jeher sagenumwobene Flusslandschaft lebendig werden lassen.

Eine Hommage an die Historie des Industriemuseums Leverkusener Sensenhammer ist daher das Ergebnis der diesjährigen Anthologie.

Die im Spätherbst 2021 im Industriemuseum Freudenthaler Sensenhammer stattfindende Ausstellung der oben genannten Postkarten mit den Sensenmotiven sowie weiterer Postkarten bilden den Rahmen für die Veröffentlichung der Anthologie. Vervollständigt wird das Projekt am 27. November, wenn aus dem Band ausgewählte Kurzgeschichten in der Schmiedehalle von Mitgliedern der Opladener Studiobühne vorgetragen werden.

Kunst, Literatur und Industriekultur, das beweist, dass Geschichte nicht langweilig ist, sondern auf unterschiedlichste Weise Menschen begeistern kann. Ein echter Erfolg, der allen Beteiligten zu verdanken ist.

Das Projekt wurde erneut von der »Currenta GmbH & Co. OHG« genauer vom Nachbarschaftsbüro ›Chempunkt‹ initiiert und finanziell unterstützt, gemeinsam mit dem Förderverein »Literatur in Leverkusen« durchgeführt und von den Leverkusener Autoren Regina

7

Schleheck und Christian Linker begleitet. Nicht zu vergessen natürlich die 14 Leverkusener Autorinnen und Autoren sowie die vielen Fans dieser Anthologie, die sicher schon gespannt auf das neue Werk gewartet haben.

Nicht nur eingefleischte Fans, sondern auch alle anderen können auch diesen Band in den lokalen Buchhandlungen erwerben – natürlich auch, um ihn als besonderes Geschenk aus Leverkusen weiterzugeben.

Viel Vergnügen bei der Lektüre!
Mit freundlichen Grüßen

Uwe Richrath

Der Tod von Oetting

Marie van Veen – Rien ne va plus

Rien ne va plus

Ein letztes Mal noch. Ein allerletztes Mal.

Er sah zu seinem Gegenüber.

Zwischen die Zähne hatte es sich eine qualmende Zigarette geklemmt, und auch wenn er es sich nicht ganz erklären konnte, blies es den Rauch aus den entblößten Nasenhöhlen. Die Beine hatte es übereinandergeschlagen, und der Stoff der schimmernden Anzughose lag ein wenig zu weit geschnitten auf den Oberschenkelknochen.

Bildete er sich ein, dass sein Gegenüber die imaginären Augenbrauen zusammenzog, während er die verbliebenen Jetons über den Tisch schob?

»*Rien ne va plus*«, sagte der Croupier.

Doch Oscar Dubois war kein Mann für halbe Sachen. »Alles oder nichts.« Er lehnte sich über den Tisch, und das Skelett im Stuhl gegenüber rollte die nicht vorhandenen Augen.

»Ihre unverfrorene Selbstsicherheit amüsiert mich. Sagen Sie –«, es nahm die Zigarette aus dem Mund, hielt sie zwischen Zeige- und Mittelfingerknochen, lehnte sich mit dem anderen Arm auf den Tisch und stützte den Schädel auf die Hand. »Woher nehmen Sie das? Diese Sicherheit. Sie sind zwar nicht der Erste, der sein Glück herausgefordert hat, aber Sie sind der Erste, den ich nicht für einen gänzlichen Idioten halte.«

Das Skelett ächzte, als es sich vorbeugte und die Zigarette auf einem der Jetons ausdrückte. Achtlos schnipste es den Stummel weg und griff in die Tasche der Weste – holte dieses Mal jedoch eine Zigarre hervor. Geschäftig zog es aus dem Ärmel des weißen Hemdes unter der Weste ein Streichholz, das bereits brannte. Die Zigarre zwischen den Zähnen, streckte es den Kopf vor und zündete sie an.

Oscar beobachtete den Rauch, sagte: »Ich bin nur ein Narr mit etwas zu viel Glück im Leben.«

»Im Leben. Schön. Im Tod mag das eine andere Sache sein.«

Der Mann zuckte mit den Schultern. »Viel blieb mir ja nicht übrig, oder?«

»Auch wahr.« Das Skelett neigte den Kopf zur Seite und richtete einen nicht ganz eindeutigen Blick auf die kreisende Kugel.

»Sie hätten mich zu allem herausfordern können. Sie hätten gegen mich Poker oder Schach spielen können. Die meisten Sterblichen fragen nach Schach, ja. Die meisten Sterblichen sterben daraufhin.«

»Klingt, als hätten Sie eine Siegesserie. Dann habe ich mich für das Richtige entschieden.« Oscar lehnte sich in seinem Stuhl zurück, der deutlich bequemer war, als er aussah.

»Kluges Köpfchen. Wissen Sie, manche fordern mich sogar zum Kampf heraus. Sie wollen sich mit mir messen. Früher waren es viele. Ritter und Krieger, die allesamt dachten, sich mit *mir* messen zu können. Ist das zu fassen? Fallen auf dem Schlachtfeld durch die Hand eines anderen und wollen sich daraufhin mit *mir* messen?« Das Skelett lachte schnaubend: »Schwachköpfe.«

Für einen Moment herrschte Stille. Nur das Surren der rollenden Kugel war zu hören.

Dann fing Oscar wieder an. »Wenn der Herr einem den Verstand nicht schenkt, kann man nur auf die Hilfe anderer hoffen. Und Gott sei Dank, man hatte immer Mitleid mit einem Schwachkopf wie mir.«

»Sind Sie christlich?«, fragte das Skelett.

Oscar bildete sich ein, ehrliches Interesse in dieser Frage zu hören. »Bei allem, was mir passiert ist, und bei allem, was mir *nicht* passiert ist, sollte ich das wahrscheinlich sein«, antwortete er.

»Aber wissen Sie«, das Skelett sog den Rauch der Zigarre ein, als wäre es eine Zigarette, und blies ihn in Oscars Gesicht. »Die Menschen setzen so viel Vertrauen in ihren Gott und ihre Götter, dass sie manchmal ganz vergessen, woher das ganze Glück kommt.«

»Wie meinen?« Oscar schaute auf die Kugel, die stetig ihr Tempo verlangsamte, aber sich noch nicht zur Ruhe setzen wollte.

»Na ja, viele Menschen beten und danken ihren Objekten der Verehrung dafür, dass sie sie jeden Tag am Leben halten, ihnen und ihren Familien genug Nahrung bieten, sie mit guter Gesundheit segnen, *yada yada yada*. Keiner kommt auf die Idee, dass es nicht ihr Schöpfer ist, der ihnen Glück und Segen bringt.«

Oscar sah, dass die Kugel langsamer wurde, und schaute auf zu seinem Gegenüber.

Mit zahnigem Grinsen und Zigarre im Mund entblößte das Skelett eine zweite Roulettekugel in seiner Hand und zerdrückte sie. Weiße Krümel und Staub rieselten durch die Knochen, als es sagte: »Jeder Tag, an dem sie *weiterleben dürfen*, ist kein Geschenk ihres Glaubens. Derjenige, der ihnen jeden Tag das Leben schenkt, bin ich. Derjenige, der ihnen irgendwann dieses Geschenk verweigert, bin ich.«

Die Kugel kam zum Stillstand.

Das Skelett erhob sich, ergriff die Sense, die am Tisch lehnte, und schob dem Mann die Jetons hin.

»Und Sie, Monsieur Dubois … Sie habe ich ganz besonders gern.«

Marie van Veen

Sensenschmiede im Sauerland

Heinke Stulz – Der Sensenkönig

Der Sensenkönig

Da saß er nun und schaute auf das Sensenblatt. In seinem weißen Hemd. Das war der Wunsch des Fotografen gewesen, wegen des Lichts. Seit einer Stunde wartete er darauf, dass sie endlich das Foto schießen könnten, aber so lange schon kletterte der Fotograf – als Herr Schnittke hatte er sich vorgestellt – im Anzug die Leiter hinauf und herunter, immer an einem anderen Ort, um den richtigen Lichtwinkel und eine Befestigung für die starke Lampe zu finden.

Anscheinend war er jetzt fertig. Wie ein Mondstrahl fiel das Licht von oben auf die Sensenblätter herunter, die als Antwort aufgleißten. Die hatte er gestern noch gebreitet, unter dem Schwanzhammer, sie trugen alle seine Handschrift.

Eigentlich sollte er jetzt in der Kirche sitzen, in seinem Sonntagshemd. Doch die Werkstatt war feierlich still und vertraut wie die Kirche. Staubteilchen tanzten schwerelos in dem langen Lichtstrahl. An anderen Tagen hieb der Schwanzhammer mit seinem harten, blinden Schlag auf das Metall, pochend wie der Herzschlag eines großen Tieres. Ohrenbetäubend und übermächtig.

Diese wunderbare Stille, die jetzt die Werkstatt anfüllte, gab es nur in dem kurzen Moment, bevor er die Maschine morgens anschaltete, und am Abend, wenn sie endlich Ruhe gab. Dieser stille Augenblick war nur der Übergang zur Arbeit, er bemerkte ihn sonst nie. Ja, was machte er eigentlich hier in dieser ausgedehnten Ruhe? Er sollte bei seiner Frau und seiner Tochter sein, in der Kirche.

Aber der Fabrikant hatte ihn gebeten, ihn, den König der Sensenschmiede, den besten Breiter hier und auch weiter, ihn hatte er gebeten, sich mit seinen Sensenblättern fotografieren zu lassen. Wofür? Na, für den Absatz. Nicht für seine Schmiede oder die Fabrik des Unternehmers, nein, sondern für den Laden, der ihrer beider Werkstücke in der Stadt vertrieb. Das machte ihn wütend. Warum von dem Gewinn abgeben an Leute, die keinen Hammerschlag an der Sichel getan hatten? Nur weil die in der Stadt saßen und sie nicht? Weil man eine Sensenschmiede nun mal nicht in einer Stadt betreiben konnte? »Schmarotzer«, schimpfte er innerlich und sah von seinen glänzenden Schuhen zu dem schnieken Fotografen hoch, der von der Leiter gestiegen war und ihn anschaute. Aber der sah ihn nicht, das sah er nun wiederum, der sah nur prüfend auf das weiße Hemd mit den Lichtreflexen und die gehämmerten Sicheln, die da lagen wie eine strahlende Monstranz.

Er folgte dem Blick des Fotografen auf die gekrümmten, goldenen Sicheln. Seine Sensenblätter, für ihn waren sie seine Kinder, die Früchte seiner Hände, diese Sensenblätter, die nur er so breiten konnte. Dünn waren sie wie ein Florett, hart wie Damaszenerstahl, so sagte man. Der Degen der Bauern. An dem Rücken, den er stehen ließ an jedem Blatt, an dem konnte man seine Meisterschaft erkennen, an dem scharfen Schlagschatten und an der offenen Rundung, immer der gleichen, die Werkstücke glichen einander wie die Blätter einer Linde. Wie von einem blinden Heiligen geschmiedet, hatte mal ein Laufbursche gesagt. Aber der Sensenrand war nicht geschmiedet, sondern gehämmert, was bedeutend mehr Geschick erforderte. Er streichelte über die Wölbung. Die formten seine Hände immer wie im Traum. Das konnte man niemanden lehren.

Er richtete sich auf. Das Licht glitt über die Rücken der Sicheln am Boden, als wären sie feine Wasseradern.

Der Fotograf, der inzwischen eine Zigarette geraucht hatte, machte sich wieder an seiner Kamera zu schaffen, er solle nur ganz ruhig sitzen bleiben, hatte er ihm gesagt, nachdem er ihm statt der Wippe einen niedrigen Holzstuhl gegeben hatte. Nie saß er hier und saß ruhig.

Er stellt seine Sensenblätter her, mindestens sechs Stück bei jedem Stundenschlag, und wenn es mehr waren, dann feierte er mit einem Bier am Abend. Die Schmiede aus der Fabrik achteten ihn, denn was er konnte, das konnten sie nicht, und das wussten sie. Oft genug hatten sie es ausprobiert und waren gescheitert. Der Eigentümer hatte nie davon abgelassen, ihn anzuwerben, immer wieder hatte er es versucht, vergebens. Doch warum sollte er seine eigene Schmiede aufgeben, wenn seine Sensenblätter besser waren als die, die dort gefertigt wurden?

Er verdiente gut mit ihnen. Sein Häuschen war größer und schmucker als das der anderen, seine Tochter trug Kleider aus der Stadt und ging in dieselbe Schule wie die Tochter des Fabrikanten. Wenn er abends verrußt, erschöpft und dreckig nach Hause kam und sich wusch, sah er mit Freude, wie fein und sauber sie am Esstisch saß und eine Zeitschrift las. Sie gab ihm erst einen Kuss auf die Wange, wenn er gewaschen war.

Er hatte Zeit, also versuchte er sich vorzustellen, wie viele Sensen er im Lauf der dreiunddreißig Jahre, die er jetzt schon Sensenschmied war, gefertigt haben musste. Große Weizenfelder, niedergestreckt mit einer Walze aus blitzenden Sensenblättern, Berghänge, überzogen mit einer Armee von Sensen, Kriege, wo der Tod Ernte hielt mit seinen Sensen, die die Sonne beleuchtete, bevor sie niedergingen … es waren zu viele. Ihm wurde schwindelig.

In jeder seiner Sensen war ein Stückchen von ihm, wie in einem Kind, wie in seiner Tochter. Und so hatte er sich im Laufe der Jahre verteilt über das ganze Land, über die angrenzenden Länder, über den Kontinent, vielleicht sogar übers Meer nach Amerika oder Neuseeland.

Er richtete sich auf und dehnte seine Schultern, die steif geworden waren. Der Fotograf stöhnte. »Bleiben Sie ruhig, wir sind gleich so weit.«

Der König schaute auf, zum Fotografen hin. Diese Leute aus der Stadt! So fremd. Ob das auch eine Kunst war, so einen Fotoapparat zu bedienen? Sicher nicht so, wie eine Sense zu hämmern. Ob der seine Fotos alle wiedererkennen konnte? Ob er feststellen konnte, dass sie von seiner Hand stammten? Er bezweifelte es, aber fragen mochte er nicht.

Seine Tochter wollte Sekretärin werden. Sie würde keinen Schmied heiraten. Das freute ihn für sie. Vielleicht würde sie so einen Fotografen heiraten? Er seufzte und sah, dass der Fotograf seine Haare mit Pomade behandelt hatte. So nervös, so dünn, so leise. Ein Stadtmensch eben. Der würde in der Werkstatt keine Woche überleben.

Er schaute wieder auf das Sensenblatt, das er nun schon lange Zeit mit seiner alten Zange hielt, damit es auch den richtigen Glanz abgäbe. Dabei war es längst fertig. Noch nie hatte er so lange Zeit mit einem seiner Sensenblätter zugebracht, sonst hieß es immer: schnell, weg, weg. Als ob sie ihm aus der Hand sprängen, sobald sie nicht mehr glühten. Und schon war der nächste rotleuchtende Rohling da, vom Laufburschen aus dem Ofen gebracht. Die Feuerhitze blieb bei ihm und die Freude, sie geformt zu haben, zu seinen Sensenblättern, seinen Sprösslingen, auch wenn er nicht genau wusste, wie.

Der Fotograf schraubte immer noch herum und war nicht zufrieden.

Sein Blick senkte sich wieder auf das gleißende Sensenblatt. Er ließ den Lichtstrahl mit einer kleinen Drehung der Hand auf dem Metall tanzen. Eigentlich war er es, der da glänzte, sang und sprang. Das gehämmerte Metall antwortete mit einer sehr feinen Bewegung, die den Glanz in kleine Schwingungen versetzte. So viel Zeit, auf ein Sensenblatt zu schauen. Das goldgehämmerte Metall bebte leise, ganz von allein. Es war wie ein vertrautes Gespräch unter Freunden, ruhig und nahe. Er versank in diesem Zwiegespräch.

Doch plötzlich schreckte er aus seiner Träumerei auf, denn er hatte mit einem Mal wahrgenommen, warum das schimmernde Blatt zitterte. Es bebte nicht von allein in seiner Hand. Nein, seine Hand war es, die zitterte, seine rechte Hand, die das Sensenblatt hielt. Finger, die bebten, seine Finger? Nein, Finger einer fremden Hand, die ihm nicht gehorchte.

Ein eisiger Strahl fuhr in sein Inneres, eine Offenbarung, kalt wie Stahl. Er sah seinen Vater, der deswegen das Sensenhandwerk hatte aufgeben müssen und nur noch Sensen verkaufen konnte, auf Wanderschaft mit den Sensen das ganze Jahr, nicht einmal vorführen hatte er sie mehr können. Jetzt war es also so weit bei ihm. Seine Handschrift auf den Sensenblättern würde verwischen, weil sie so ungenau werden würde, wie die der anderen. Er sah kein Licht mehr vor sich, wie sonst immer, jemand hatte es gelöscht, nur undurchdringliche Dunkelheit starrte ihn an. Ein paar Jahre könnte er sich noch halten. Dann wäre sein Ruf ruiniert. Aber er hatte immer noch mehr Haare als sein Vater zu der Zeit, als die Kraft ihn verließ. War das ein Trost?

Hieß es nicht, man lebte in anderen? Er lebte mehr in Dingen als in anderen Menschen. Er gab den Sensen seine Seele, und die ging mit ihnen auf Wanderschaft. Wohin auch immer sie verkauft wurden, seine Sensen. Aber er konnte immer noch sehen. Alles, was seine Seele sah. Deswegen spuckte er auf jedes Sensenblatt, als Taufe, damit es nie vergaß, wer es zum Leben erweckt hatte.

Seine Frau hatte das nie verstanden. Sie sagte immer: »Du musst doch nicht mehr arbeiten! Setz dich doch zu mir in den Garten, wir haben doch genug.«
Aber er brauchte ein Reich, in dem er König war. Sie hatte das Haus und ihre Tochter. Er das Reich seiner Sensenblätter. Was alle wussten.

Seine gehämmerten Sicheln waren besser als die seines Vaters, sie brachten mehr ein, hatten sich weiter verbreitet. Er hatte das Gewerbe seines Vaters fortgeführt, veredelt und die Erzeugnisse aus ihrer Werkstatt berühmt gemacht. Sein Vater war stolz auf ihn gewesen. Und jetzt? Es würde nie wieder Sensen von dieser Qualität geben. Niemand würde ihre Werkstatt weiter betreiben. Die Fabrik würde den Sieg davontragen.

Er hörte die Kirchenglocken, die Messe war aus. Ob seine Frau und seine Tochter vorbeikommen würden?

Der Fotograf sah angestrengt aus. Er kam von seinem Automobil zurück und brachte neue Teile.

»Herr Schnittke, brauchen Sie etwas?« Seine Stimme durchschnitt die Stille der Werkstatt, obwohl es ihm weh tat. Er wollte nicht, dass die Zeit wieder in Fluss kam.

»Nein, nein, wir beginnen gleich«, gab der junge Mann fahrig zur Antwort.

Der Fabrikant wollte auch nach der Kirche vorbeikommen und sich die Fotoplatte anschauen, den Motor des Automobils konnte er schon hören in der Stille.

Plötzlich breitete sich auf dem Gesicht des Fotografen ein Lächeln aus, fast so stark wie die Lampe oben in der Ecke, die immer noch mild auf die glänzenden Sensensicheln und sein weißes Hemd schien. »Jetzt, wir können beginnen.«

Der Sensenschleifer wusste, dass er seit mehr als zwei Stunden auf diesem Stuhl saß und um Jahre gealtert war, eingelullt von der Stille und der stehengebliebenen Zeit. Er setzte sich zurecht, als wäre er noch derselbe wie vor zwei Stunden. Die Macht der Gewohnheit. Er schaute fast zärtlich auf das noch immer zitternde Sensenblatt, das er gestern gebreitet hatte, als er noch ein rüstiger Mann gewesen war, voller Vertrauen auf das Licht des morgigen Tages.

Plötzlich saß er im Museum seiner Vergangenheit und schaute die Sensen an, die aus einer verflossenen Epoche stammten, Museumsstücke. Zum Staunen, nicht zum Verkaufen. Für Fotos, nicht für die Arbeit.

Er musste das Zittern anhalten für den Fotografen. Das flimmernde Sensenblatt beruhigen, das letzte seiner Art, mit der Zange in der noch stetigen anderen Hand. Für den Lichtstrahl suchte er die Hammerspuren auf dem Metall von gestern, die es besonders hell glänzen und leuchten ließen, und wartete auf den Schuss des Blitzlichts. Das letzte Sensenblatt im eigenen Schein. Das letzte Sensenblatt, auf das seine Freude schien. Das letzte Foto, das seine gute Zeit dokumentieren würde. Zu spät, um Käufer anzulocken. Er sah die Schatten hinter den Sensenblättern. Sie warteten.

Mit dem Schuss des Blitzlichts öffnete sich die Tür der Werkstatt, und wie eine Madonna, umrahmt von dem freundlichen Strahlenkranz der Sonne draußen, trat seine Tochter ein, in ihrem Sonntagsstaat. Der Fotograf kam hinter dem schwarzen Abdecktuch hervor. Der Sensenkönig sah seiner Tochter ins Gesicht: Wie schön sie war!
Sie sah ihn nicht. Ihr Blick ruhte auf dem eleganten Fotografen. Mit einem Ausdruck, den er noch nie an ihr gesehen hatte.

Heinke Stulz

Andreas Miller – Das Lied der Knechte zur Worringer Schlacht

Das Lied der Knechte zur Worringer Schlacht

Vorwort zur Ballade

1288 fand eine der grausamsten Schlachten des Mittelalters statt. Der Erzbischof von Köln und zugleich Herzog wollte sein Machtgebiet um die Grafschaft Limburg erweitern. Das stieß auf große Gegenwehr des Herzogs von Brabant, der Grafen im nordwestlichen Rheinland und der Kölner Bürger. Zur Verstärkung ihres Heeres wurden Bauern- und Bürgermilizen rekrutiert, die im Kampf völlig unerfahren waren. Aus einem ritterlich geführten Kampf wurde ein Gemetzel.

Das Lied der Knechte zur Worringer Schlacht

Vom Schicksal bestimmt, da als Knechte geboren.
Zum Kriege des Grafen, zum Frondienst erkoren.
Den Abschied vom friedvollen Heime erzwungen.
Der Liebsten, der Kinder Umarmung entwrungen.
›Verzagt nicht! Wir beten!‹, geflüstert die Worte.
Zur Heerschar gezogen, zum feindselig Orte.
Am Worringer Haine, auf steinigem Boden,
Mit Schwertern und Sensen die Feinde zu roden.

Im Juni, es tagte, die Edlen sich drängten,
Weit hoch in die Lüfte die Fahnen sie schwenkten.
Die Ritter, die Knappen, wir Knechte inmitten,
Mit wütend Gebrülle die Flure durchschritten.
Der Fährmann setzt über am tosenden Rheine
Fast fünfhundert Streiter zum Fühlinger Haine.
Am Worringer Felde, wo Knechte und Grafen
Mit Schwertern und Sensen sich feindselig trafen.

Des Erzbischofs Mannen, sie kamen geritten,
Im Kampf um das Limburger Erbe sie stritten.
Da schlossen den Pakt der Höllenbrut Bande
Das Fußvolk von Köln und wir Tumben vom Lande.
Die Grafen, die Ratsherrn von Freiheit laut sangen,
Vergessen den Tag, sie zum Heerdienst uns zwangen.
An Worringer Fluren, an römischen Straßen,
Wo Schwerter und Sensen sich kreuzten und maßen.

In kühner Verzweiflung wir schwangen die Flegel.
Doch flohen wir schnell vor dem kurköln'schen Siegel.
Des Erzbischofs Mannen die Reihen durchbrachen,
Auf dass unsre Lehnsherrn die Flanken besprachen.
Die Schwerter erhoben, gezügelt die Rappen,
›Hinfort mit den ruchlosen Rittern und Knappen!‹.
An Worringer Weiden, am sumpfigen Bruche,
Mit Schwertern und Sensen und reckenhaft Spruche.

›Vergeltung! Zum Angriff!‹ sie trieben uns weiter,
›Die Sensen geschärft für die feindlichen Streiter!‹
Den schützenden Schild, den Panzer durchstochen,
Die Ritter, die Knappen, am Boden sie krochen.
Die Feinde und Freunde, wir schlugen sie nieder
Der Wappen unkundig, der namenlos' Krieger.
Am Worringer Acker, beim Fühlinger Weiler,
Wo Schwerter und Sensen zerlegten die Leiber.

Von Schlächtern geschwungen der Schneiden Gewitter.
Der Todesgeschmack auf den Lippen so bitter.
Die Köpfe der Ritter und Knappen, sie fielen.
Die Lieder der Minne sie nimmer aufspielen.
Von Lanzen geknechtet, verloren die Ehre,
Dem Meucheln entflohen die feindlichen Heere.
An Worringer Wiesen, des Erzbischofs Reiter,
Wo Schwerter und Sensen die Todesbegleiter.

Gefangen der Bischof. ›Hab Gnade‹, er flehte.
Sein Banner hoch oben am Streitwagen wehte.
Das pechschwarze Kreuz auf dem schneeweißen Grunde,
Vom Wagen gerissen, es machte die Runde.
Die Leichen gefleddert, die Beute gehoben.
Für Grafen und Ratsherrn den Sieg abgewogen.
Im Worringer Lager, am lodernden Feuer,
Bei Schwertern und Sensen, die Tat nicht geheuer.

Den Bürgern zu Köln wir erkämpften die Rechte,
Doch blieben wir unfrei und weiterhin Knechte.
Den Glauben verloren, den Bischof vertrieben.
Die Gräber ohn' Kreuz und ohn' Namen geblieben.
Das Hauen, das Hacken, das Schneiden, das Stechen,
Im Traume die Toten auf ewig sich rächen.
Am Worringer Haine, bereuend die Sünden,
Die Schwerter und Sensen vom Grauen euch künden.

Andreas Miller

С праздником Вооруженных · Сил СССР!

АВИА

le 12.02.80.

Chers Parents,

Je suis donc arrivée à Moscou avec 1/4 d'heure d'avance (eh oui!) - là où a toujours la même vision: la fossile et le matreau!!!!... ils se coucherent que ça. A part ça, bien sûr, il fait froid, mais ça ne é peu clé. Les Russes sont vraiment

obtenant par leur bêtise. Et il n'y a rien dans ce pays -

Baisers bien [...]

Nina Kett – Verbindungen

Verbindungen

Der Anruf hat ihn völlig aus dem Bild gebracht. Dabei hat Steve alles perfekt arrangiert. Das Stielglas mit schwerem, honiggelbem Single Malt – wie hatte er sich zuerst für den Cabernet entscheiden können? War ihm irgendwie intellektuell erschienen, Rotwein schlürfen und auf dem braunen Ledersofa diskutieren. Sein Trendgespür grätschte dazwischen und riet ihm zum Whisky. Schottisch, traditionell, Laphroaig.

»Milan, kannst du bitte vorbeikommen?« In seiner Familie hat keiner verstanden, dass er seit einem Jahrzehnt Steve genannt wird. Seinem Opa verzeiht er das noch am ehesten, der behält ohnehin nicht viel. Und er ist immer für ihn dagewesen.

Das Stielglas also, leicht versetzt zu dem dicken Schinken. Irgendwas Kluges – zunächst dachte er an Chomsky, aber vielleicht zu abgehoben. Jetzt liegt da »Der Idiot«, mittig aufgeschlagen, als hätte er die dreitausend Seiten beinahe schon alle gelesen. Gut, dass die Bücher seiner Mutter so doch Verwendung finden. Wegschmeißen kann er sie noch immer nicht. Am wichtigsten aber, dezent im Bücherregal drapiert –

»Meine Jungs von der Leonina. Einhundertundfünfundzwanzigjähriges Jubiläum, stell dir mal vor!«
     Das CBD-Öl. Wenn er von schräg oben fotografiert ...
     »Wegen Corona jetzt erst einmal nur virtuell. Ha! Als ob sich einer von den Altherren mit Zoomteamsschlagmichtot auskennen würde! Was sind das überhaupt für Namen?«

... dann ist die Flasche mittig platziert und gut im Bild zu sehen, ohne aufdringlich zu wirken. So hat es Marco Stinnes erklärt: »Euer *Product,* darum geht es hier! Aber das dürft ihr euren Freunden und Followern nicht immer direkt auf die Nase binden. Erschafft andere Zusammenhänge! Achtet darauf, dass das *Product* immer irgendwie zu sehen ist.

Also, Stielglas, Honigwhisky, Dostojewski, von schräg oben, Filter drüber, Text drunter: *Entspannter Abend. Was braucht man mehr? Nur ich mit einem guten Buch und gutem Whisky.* Und dem Smartphone. Und Facebook, Insta, Twitter, Telegram. Vielleicht macht sich der Text noch besser auf Englisch? *Enjoying a peaceful evening. What else to whish for? Just me, a good read and a good drink.*

»Du kennst dich doch mit dem ganzen neutechnischen Kram aus. Kameras, Internet und so Zeug. Wie treffe ich die Jungs jetzt auf meinem Computer? Milan, hörst du mir überhaupt zu?«

»Ich komme vorbei, Opa.«

Steve hat es nicht weit. Opa wohnt nur zwei Straßen weiter. Immerhin, das Bild kann er noch posten. Er geht hinaus ins Novembergrau. Sonnenfilter drüberlegen. Oder alles noch ein wenig dunkler machen, märchenhafter. Er hat sogar an eine Probe von dem CBD-Öl gedacht, soll auch gegen Alzheimer helfen. Wenn das MLM so gut funktioniert, wie Stinnes in den hundert Webinaren angekündigt hat, ist Steve bald ein reicher Mann. *Multi-Level-Marketing, alle verdienen daran!*

Fokus auf die Hand: Ein Streifen Licht von der Straßenlaterne fällt auf das Fläschchen. Er schmiert die Finger mit ein bisschen Öl ein, wirkt besser. *Praktisch. Auch für unterwegs. Beautiful November Evening.* Besser noch zwanzig Minuten warten, bis er das postet, sonst wirkt die Buchaktion unglaubwürdig.

Die schwere Eichenholztür schwingt auf. Es riecht nach Opamuff: Kalter Rauch, ungewaschene Socken, altes Blumenwasser, ein bisschen Zeder. Steve ist länger nicht hier gewesen. Er nimmt sich vor, morgen wiederzukommen. Dann würde er sich um die Wäsche kümmern. Vielleicht könnten sie auch nochmal spazieren gehen, so wie früher, oder Schach spielen. Verdammt, warum nur hat er jedes Mal ein schlechtes Gewissen, wenn er seinen Großvater sieht?

Opa hält eine Mütze mit bunten Streifen in der Hand. Weinrot, weiß, grün. »Salut, Couleuriker!«, ruft er und zwinkert. Hinter ihm wie immer die gerahmte Jungfrau und daneben das Foto von Steves Mutter, seit fünfundzwanzig Jahren nicht gealtert.

Er streift die Schuhe ab, ihm ist kalt, aber Opa hat die Heizung aufgedreht. In der Hand trägt Steve den Rucksack mit dem Laptop, Webcam ist integriert. Er hat sogar ein externes Mikro mitgebracht.

»Auf dich kann man sich verlassen, Junge.«

Das Wohnzimmer mit dem schweren Ledersessel, dem Perserteppich und den dicken Vorhängen hat er schnell in ein kleines Studio verwandelt. Aus der Küche zieht süßlicher Geruch herüber. Glühwein?

»Eine Aufgabe habe ich noch für dich, Milan. Dann bekommst du auch Krambambuli, gibt schließlich was zu feiern.« Opa legt sich eine Art bunte Schärpe um. Gleich fängt er mit dem Schwyzerdütsch an, so viel ist klar. Irgendwie auch ein gutes Bild, wenn das Licht noch etwas besser wäre: Furchen in Opas Gesicht wie tiefe Gräben, er hat viel verloren. Aber wenn er an früher denkt, wenn er Kontakt zu seinen Freunden aus der Studentenverbindung in der Schweiz hat, dann leuchten seine Augen, dann bekommt alles einen gewissen Glanz. Weinrot, weiß, grün. Und dann klingt sogar der Zungenbrecher *Krambambuli* wie ein kleines Gedicht.

»Auf dem Dachboden in dem schwarzen Koffer, da müsste irgendwo noch die Karte liegen.« Kurz hält er inne, schaut in sich hinein. »Schwarzgekleidete Gestalt, Sichel, weiße Hände, roter Himmel. Die haben sie mir aus Fribourg nach Basel geschickt, wo ich gerade meinen Militärdienst ableistete. Mitte der Fünfzigerjahre war das. Stell dir vor, da hatte die Leonina gerade sechzigjähriges Jubiläum! Jetzt schon hundertfünfundzwanzig Jahre!« Opa schaut durch ihn hindurch.

Milan wühlt sich durch Staub und Spinnweben. Opa scheint alles aufbewahrt zu haben. Geburtstagskarten, Briefe, Glückwünsche zur Silberhochzeit, zum Ruhestand, Kunstwerke seiner Kinder und Enkelkinder. Im Fokus: ein schwarzer Lederkoffer, verstaubt, aber edel. Zerfleddertes Papier, feine Einbände. Mittendrin, glänzend und staubfrei, könnte er das Fläschchen CBD positionieren. Hätte was. *Auf Schatzsuche. My personal treasure hunt.*

Da fällt ihm eine Karte in die Hände. Knallige Farben, hohe Kontraste, ein Feuerwerk und in dem großen Stern: Hammer und Sichel. Sollte er nicht nach einer Sichel suchen? Aber das sieht eher nach Sowjetunion aus, nicht nach Opas Studentenclub. Darunter in Pink: kyrillische Buchstaben. Seine Hände zittern, als er die Karte umdreht. Das passt nicht zu Opa. Der redet jetzt noch von »dem Russen«, wenn er erzählt. Es passt nicht zu seinem Verbindungsleben, seinen Couleuriker-Freunden, seinem v/o Nüssli, wie er dort genannt wird.

Französischer Text auf der Rückseite. Die Buchstaben verschwimmen vor Steves Augen, beginnen einen eigenen Tanz.

Liebe Eltern, ich bin tatsächlich eine Viertelstunde eher in Moskau angekommen …
   … ich habe mich noch nie so frei gefühlt. Die Luft ist kalt, schneidend, hier herrscht echter Winter. Nein, die Freiheit hat weniger mit den äußeren Umständen zu tun als damit, dass ich zum ersten Mal das tue, was ich wirklich will. Weg aus dem Theologenhaushalt, fort von den ganzen Zwängen. Und dann bist du passiert. Jetzt stehen wir hier, starren in die Fenster der russischen Buchhandlung.

»Du musst deinen Eltern schreiben«, sagst du. Und dabei umfasst du zärtlich meinen dick eingepackten Arm, und mir wird noch heißer. Wie schaffst du es nur, mir im Moskauer Winter derartige Stromstöße zu versetzen? Jetzt redest du gegen irgendeine Marschmusik an. »Sie werden sich Sorgen machen, wenn du dich nicht meldest.«

Ich muss unwillkürlich lachen, es gluckst in mir, und ich komme noch näher. »Was soll ich ihnen schreiben? Sie sind ja schon völlig überfordert damit, dass ich einen Russisch-Kurs an der Uni belegt habe. Meinst du, sie wollen hören, dass ich mich verliebt habe? Dass mir Politik völlig egal ist? Dass mir der Katholizismus egal ist? Dass ...«

Du küsst mich, und ich fließe. Dann sagst du: »Schreib ihnen, was sie hören wollen. Die Russen sind bekloppt, reden von nichts anderem als Hammer und Sichel, trinken den ganzen Tag Wodka und singen traurige Lieder, lesen Puschkin und Dostojewski zum Frühstück.«

Die Marschkapelle kommt vorbei, eine Frau verteilt Karten. »Herzlichen Glückwunsch zum Fest der Streitkräfte der UdSSR« steht darauf. Endlich eine passende Karte gefunden.

»Ich schreibe die Karte. Aber erst gehen wir zu dir. Mein Zug fährt übermorgen. Bis die Karte bei meinen Eltern ist, bin ich selbst längst zurück in Deutschland.«

Du nickst, und nie habe ich mehr »JA« in einem Blick gesehen, mehr Leben, mehr Erwartung und Rausch. Wir halten uns an den Händen, gehen durch den Schnee, wir leben, jetzt und hier, immer in diesem Augenblick ...

Hier sieht man immer das Gleiche: Hammer und Sichel. Natürlich ist es kalt, aber daran gewöhnt man sich. Die Russen sind wirklich bekloppt in ihrem Wahn. Und es gibt einfach nichts in diesem Land.

Küsschen, Clotild

Steve kann sich nicht von der Karte lösen. Von seiner Mutter im Jahr 1984. Ein Jahr vor seiner Geburt. Von Mama, die, solange sie lebte, nichts von Russland erzählt hat. Das geistige Kameraobjektiv hat sich kurzzeitig verabschiedet. Es ist ganz still.

Dann hört er Opa unten brüllen: »Semper Leo!«

Als er die Karte sieht, verändert sich Opas Gesicht, als laufe ein Filter darüber. Er wird ganz weich. Er wirkt so zerbrechlich, dass Steve befürchtet, alles, was er sagt, könne ihn kaputtmachen. Als zerbröckele er von innen nach außen.

Opa räuspert sich. »Hast du den Schreibfehler bemerkt? Feinstes Französisch, aber dann schreibt sie ›fossile‹ statt ›faucille‹. Jahrelang habe ich mich gefragt, ob sie mit ihren Gedanken einfach ganz woanders war oder ob sie sich über mich lustig gemacht hat. Für sie war meine Welt immer die Welt der Dinosaurier.«

Jetzt blickt er direkt in Steves Augen, ganz klar.

»Naja, aber als ich dich dann bei mir aufgenommen hatte, wurde es mir einfach egal.«

Nina Kett

Marion Bendix – Kein lauer Sommertag

Kein lauer Sommertag

Es war eine unbequeme Nacht gewesen. Am Abend zuvor hatte es geregnet, und der Boden war aufgeweicht. Die Hufe der Schlachtrösser hatten ein Übriges getan, den Platz zu einem Schlammloch zu machen. Wie ein ordentliches Heerlager sah es sicher nicht aus.

Konrad hatte nicht gut geschlafen. Die Temperaturen waren recht mild in diesem Sommer. Einige der anderen Bauernburschen kannte er von den seltenen Festen im Dorf. Sie hatten über die tägliche Arbeit gesprochen, das Bestellen der Felder, die Ernte, das Vieh. Aber auch ihre Träume von Frauen, unerreichbar wie ein eigenes Stück Land, kamen in den Abendstunden dieser Feste zur Sprache. Schon ihre Väter hatten so den Kontakt zu den Nachbarn gepflegt. Anders kannten sie es nicht. Tagein, tagaus versorgten sie die Felder und Ställe der Herrschaften.

In diesem Jahr war es anders. Die Mönche hatten sie im Namen der Landesherren zusammengerufen. Es sollte in den Krieg gehen. Immer wieder hatten fahrende Händler über Kämpfe im Umland berichtet. Wer wem den Krieg erklärt hatte und warum, wusste Konrad nicht. Die Geistlichen und Adligen hatten die Bauern zum Kampf gerufen, und Konrad und die anderen folgten, wie es sich gehörte.

Sie lagerten den zweiten Tag an diesem Ort. Gerüchte besagten, dass die Schlacht unmittelbar bevorstand. Das war einer der Gründe, warum Konrad so unruhig war. Er hatte keine Vorstellung, was geschehen würde. Zuhause würde er jetzt zur Feldarbeit gehen. Die Sense, die er mit sich führte, hätte das Getreide von den Feldern ernten sollen. Nie hatte Konrad dieses Werkzeug als Waffe gesehen oder je darüber nachgedacht, es gegen Menschen einzusetzen. Wie jeden Morgen hatte es eine dünne Suppe und etwas Brot gegeben. Danach stünde zuhause der Gang zum Feld an. Er kannte seine Aufgaben und Pflichten. Es kam nicht oft vor, dass er etwas tun sollte, was vom Üblichen abwich. Wenn es passierte, erledigte er es. In diesem Heerlager gab es nichts zu tun für ihn. Man hatte ihnen gesagt, sie sollten hier ihr Lager aufschlagen. Seitdem warteten sie alle, was als Nächstes geschehen würde. Sie sprachen nicht viel miteinander. Konrad sah in den Gesichtern der anderen die eigene Sorge um die folgenden Tage widergespiegelt.

Wie aus dem Nichts ertönten lautes Stampfen und metallisches Klirren. Gerade noch konnte er sich zur Seite werfen, als eine Gruppe von vier Panzerreitern über die Stelle galoppierte, an der er soeben noch gestanden hatte. Gestern hatten zwei der Burschen nicht solches Glück gehabt und waren von einem Trupp Reiter überrannt worden. Hoffentlich waren sie bald wieder auf den Beinen. Die Reiter waren Verbündete, doch schien es, dass sie die Bauern nicht wahrnahmen. Diese hatten aufzupassen und auszuweichen.

Am südlichen Ende des Lagers gab es Unruhe. Konrad war nicht so vermessen nachzuforschen. Man würde ihn schon informieren, wenn er etwas tun sollte. Er ging jedoch zu der Stelle, an der er seine Sense mit dem Stiel in den Boden gesteckt hatte. So blieb die Klinge sauber und war vor der Feuchtigkeit der Erde geschützt. Er achtete gut auf sein Arbeitszeug. Sonst hätte der Großbauer ihm schon beigebracht, wie wichtig die Pflege des Arbeitsmaterials war. Diese Erfahrung wollte Konrad vermeiden.

Er zog die Sense aus dem Boden. Die Klinge war vom Regen etwas feucht geworden. Konrad nahm sein Hemd und trocknete sie ab. Dann reinigte er auch den Griff vom Schlamm, damit seine Hände sich bei der Nutzung nicht wund rieben. Mit dem Wetzstein fuhr er über die Klinge, um sie zu schärfen. Das hatte er gestern schon getan, wie auch zuhause. Bevor die Sense zum Einsatz kam, wurde sie geschärft. Und obwohl er das Werkzeug am gestrigen Tag nicht benutzt hatte, hielt er an der Routine fest. Dabei schweiften seine Gedanken zum heimatlichen Hof.

Auch andere Burschen kümmerten sich um ihre Ausrüstung. Wer einen Schmied kannte, hatte sogar eine Rüstung. Diese sah in den meisten Fällen nach umgeschmiedeten Alltagsgegenständen aus. War der Helm dort vorher ein Topf gewesen? Die Brustplatte, die sich ein junger Mann um den Hals gehängt hatte, erinnerte an einen Beschlag, in den Löcher getrieben worden waren, durch die ein Seil gezogen war. Dieser Schutz gab zumindest ein wenig das Gefühl größerer Sicherheit.

Die Waffen, die die Bauern hier führten, waren sonst ihr tägliches Werkzeug. Sensen, Sicheln, Dreschflegel, manche führten Hämmer, andere Messer. Auch Heugabeln sah man hier und dort, die jetzt eigentlich den Mist in den Ställen bearbeiten sollten.

In dem Bereich, in dem die Reiter lagerten, kam Bewegung auf. Konrad sah, dass sie sich ihre Panzer anlegen ließen und die Schlachtrösser bestiegen. Er mochte Tiere, doch vor diesen Pferden hatte er Angst. Gestern hatte er versucht, eines der Tiere zu füttern und es zur Beruhigung zu tätscheln. Es hatte nach ihm geschnappt. Konrad war sich sicher, wäre es nicht angebunden gewesen, hätte es ihn niedergetrampelt.

Ein Mann in Mönchskutte ritt auf einem gewöhnlichen Pferd durch ihren Lagerbereich. Er rief sie auf, sich bereit zu machen, der Feind sei im Anmarsch.

Konrad war nicht der Einzige, der Aufregung spürte. Er sah es den anderen Burschen an. Was hatte der Mönch gesagt? Sie würden Helden sein, ihr Land verteidigen. Manch einer war voller Vorfreude auf die heroischen Taten, die sie vollbringen würden. Anderen Männern sah man die nackte Angst an. Doch standen sie alle unter Gottes Schutz, das hatte der Mönch ihnen nochmals bestätigt.

Einige der Mönche und Priester führten die Gruppe der Bauern an. Alle setzten sich in Bewegung. Konrad wusste nicht, wohin es ging. Das war auch nicht wichtig. Den Weg bestimmten die Männer vorn, der Rest folgte. Rechts und links der Truppe preschten die Panzerreiter vorbei. Es ging tatsächlich los.

Wie lange sie gelaufen waren, wusste Konrad nicht. Plötzlich begannen die ersten Reihen der Bauern zu rennen. Bald wurde auch seine Reihe immer schneller. Weiter vorn erklangen Kampfgeräusche, doch waren sie für Konrad noch nicht wahrhaftig. Er lief weiter, dorthin, wo sich die Männer bereits schlugen. Seine Gruppe rannte in das Getümmel hinein und begann, wie wild mit den Waffen zuzuhauen. Alles, was sich ihnen entgegenstellte, wurde angegriffen. Meist waren es Bauern, so wie Konrad und seine Kameraden. Er kannte sie nicht und würde sie auch nie kennenlernen. Er schwang die Sense und versuchte, selbst nicht getroffen zu werden.

Längst schon waren sie keine zusammenhängende Truppe mehr. Jeder kämpfte für sich, nur wenige standen noch zusammen. Ein Reiter kam auf Konrad zu. Das Wappen auf seinem Schild war bereits blutbefleckt. Konrad kannte die Wappen nicht, er wollte nur überleben. Die Sense schwang weit nach hinten und dann mit aller Kraft nach vorn. Ross und Reiter gingen zu Boden. Konrad schlug weiter zu, bis er sicher war, beide würden sich nicht wieder erheben. Das Tier hatte ihn mit einem Huf am Bein getroffen. Es tat höllisch weh, doch schien nichts gebrochen zu sein.

Er humpelte weiter, denn er hatte einen Auftrag. Kämpfen und töten, vielleicht überleben. Das Blut rauschte in seinen Ohren. Nur dumpf drangen die Geräusche der Schlacht durch. Konrad dachte nicht nach, er lief vorwärts und schwang die Sense. Wieder und wieder, wie er es auch im Getreide getan hätte. Menschen zu mähen, war viel mühseliger. Um zu überleben, musste er sein Arbeitsgerät weiter schwingen und durfte nicht darüber nachdenken, was er gerade wirklich tat. All seine Sinne und seine Kraft konzentrierten sich auf die Bewegung der Sense. Immer wieder drohte er, von Reitern niedergeritten zu werden. Er musste schneller sein als sie. Die Sense strich durch Fußvolk und Berittene gleichermaßen. Bekämen sie die Chance, würden sie ihn töten. Dumpf vernahm er die Schreie der Getroffenen, doch er sah keine Gesichter mehr. Er hörte sich selbst schreien, als er angriff. Die Sense sang mit jedem Schwung vom Tod. Und sie brachte Tod und Verderben.

Den ganzen Tag hatte Konrad sein Werkzeug geschwungen. Er war unendlich müde, denn Pausen hatte es nicht gegeben. Sie wären vermutlich sein Tod gewesen. Um ihn herum stöhnten und schrien Menschen und Tiere, verletzt oder sterbend. Krähen hatten sich in großen Schwärmen eingefunden und laut krächzend ihr grausiges Mahl begonnen.

Nicht weit entfernt sah Konrad einen der Mönche, den er kannte. Dieser ging über das Schlachtfeld und suchte nach Verletzten, die Hilfe brauchten, und nach Sterbenden, für die es zu spät war. Überlebende, die noch allein gehen konnten, scharten sich um ihn. Auch Konrad taumelte in die Richtung. Zusammen schleppten sie sich zurück zum Lager. Viele waren nicht geblieben. Wer jetzt noch auf dem Schlachtfeld lag, musste Glück haben, entdeckt zu werden. Nur wer allein gehen konnte, hatte zumindest eine Chance. Die Heiler würden sich zuerst um den Adel kümmern. Die Bauern versorgten ihresgleichen im Lager.

Eine bleierne Müdigkeit brach über Konrad herein. Nur vage hörte er den Priester von einer ruhmreichen Schlacht sprechen. Die Ehre und die Anerkennung würde der Adel bekommen. Bauern wie Konrad würden auf die Höfe zurückkehren und wieder ihrer Arbeit nachgehen. Jeder einzelne würde mehr tun müssen, denn so viele waren nicht mehr unter ihnen.

Konrad war froh zu leben. Außer dem Tritt gegen den Oberschenkel hatte er nur leichte Schnitte und Abschürfungen erlitten. In ein paar Tagen würde er wieder auf dem Feld stehen. Im Herbst würde er wieder die Sense schwingen. Diesmal gegen Getreide. Und die Sense würde singen.

Vom Tod.

Marion Bendix

Ulrich Bornewasser – Der Sturz der Titanen

Der Sturz der Titanen

Noch heute erzählt man sich in Sarajevo die Geschichte von Gavrilo Principe, der als Kämpfer für ein freies Serbien den österreichischen Thronfolger und seine Gattin erschoss. Gern zeigt man Ihnen die Fußabdrücke, die an der Stelle in den Asphalt eingelassen wurden, von der er am 28. Juni 1914 das verhängnisvolle Attentat verübte. Nur 80 Kilometer von Sarajevo entfernt, in dem Dorf Mededa, bekommen Sie über diesen Tag eine andere Geschichte erzählt. Auch sie handelt von dem Sturz eines Titanen und einem jungen Mann, der alles für die Sache gab, an die er glaubte. Wenn Sie mal an diesem besagten Tag im Juni oder noch besser genau vier Wochen später nach Mededa kommen, dann gehen Sie in den Dorfgasthof und hören einfach zu. Sollten Sie fragen, dann kann es durchaus sein, dass einer der Dörfler Sie mitnimmt, raus zu der alten Moschee oberhalb der Drina, die vor dem Dorf mächtig in die Breite geht, fast wie ein See. Und vielleicht zeigt er Ihnen von dort den Hang, an dem alles passierte. Oder den Grabstein, der alabasterweiß auf dem Friedhof steht. Eingraviert eine Sense, die drohend über einem riesigen, dampfenden Traktor schwebt, und darunter sein Name – Ivo Karić.

»Der Ivo hat es allein mit der übermächtigen Maschine aufgenommen. Er kämpfte für die Arbeitsplätze der Mäher. Nicht mit Flugblättern und politischer Propaganda. Nur mit seinem Körper und seiner Sense.« Natürlich übertrieb Dragovic' maßlos bei seiner jährlichen Ansprache. Als Bürgermeister wusste er, dass seine Leute nichts hören wollten von Ivos Hungerlohn, mit dem er keine Familie gründen konnte. Nichts von dem Aufrührer, der die Unterbezahlten gegen den Großgrundbesitzer aufwiegelte. Nichts von Ivos Zukunftssorgen. Der Mann, an den sie sich erinnern wollten, war der, der den Titan besiegt und die Welt gerettet hatte. Für die Menschen in Mededa ist ihr Dorf nun mal die Welt.

Es war der Imam, der den Stein ins Rollen brachte. Er war von seinem Besuch in Wien zurückgekehrt, saß nach dem gemeinsamen Gebet im Gasthof und trank Tee mit den Honoratioren des Dorfes. Er erwähnte einen Zeitungsartikel, den er in einem Caféhaus gelesen hatte. »Der Redakteur berichtet über einen Dampftraktor in den USA, der 1910 von der Firma International Harvester gebaut wurde und so groß ist, dass er »Titan« genannt wird. Der fährt über ein Feld und mäht so viel wie eine 12-köpfige Mannschaft von Sensern. Die Firma meint, dass die neuen mechanischen Titanen die schwere Arbeit in der Landwirtschaft komplett übernehmen werden.«

An jenem Sonntag, dem 28. Juni 1914, war auch Ivo Karić in dem Gasthaus mit seinen Freunden zum Teetrinken und Erzählen. Der große, kräftige Mäher arbeitete bei dem Großgrundbesitzer, dessen Felder sich zwischen der Drina und der landeinwärts aufsteigenden Hügelkette erstreckten.

»Was machst du auf dem Hof?«, fragten die Leute ihn manchmal.

»Ich passe auf, dass die Schafe ruhig auf der Weide grasen«, sagte er dann. Das tat er auch. Manchmal. Er mähte wie kein anderer mit riesigen Ausholbewegungen und einem irrwitzigen Tempo die Roggen- und Weizenfelder. Die Sense hatte er von seinem Vater geschenkt bekommen, als er auf Wanderschaft ging.

»Das Blatt ist aus Schwedenstahl, handgefertigt im Freudenthaler Sensenhammer«, hatte der Vater stolz erklärt. »Die habe ich bei einem Wettbewerb gewonnen, und sie hat mir immer gute Dienste geleistet. Jetzt soll sie dir gehören. Sie wird dich immer an mich erinnern.«

Wie es zu dem Wortwechsel zwischen dem Geistlichen und Ivo kam, können Sie den heutigen Imam oder den Bürgermeister fragen. Oder Sie lassen sich im Rathaus die Dorfchronik geben, die Ivos Wutausbruch beschreibt, als er die Worte des Geistlichen mitbekam.

»Das ist doch unmöglich«, platzte es aus ihm heraus. »Eine schwere Maschine kann sich in dem tiefen Ackerboden doch gar nicht richtig fortbewegen. Da haben es ja schon die beladenen Gespanne schwer. Und wie soll das bei unseren Äckern gehen, die teilweise Hanglage haben? Da rutscht doch so ein schwerfälliger Titan ab. Was für ein amerikanischer Blödsinn. Der soll mal nur kommen, der Titan. Ich nehme es mit meiner Sense allein mit ihm auf«, ereiferte er sich.

Den Wutausbruch hörten alle Gäste. Auch Ivos Arbeitgeber, Abdullah Hamadcic, der auf der anderen Seite des Raumes saß und sich langsam erhob. »Du kannst in vier Wochen dein Können zeigen, Ivo. Ich habe zwar keinen Titan, sondern einen kleineren Dampftraktor der Firma Keck-Gonnermann bestellt. Aber wenn die Roggenernte beginnt, Ende Juli, sollte er da sein.«

»Auf die Wette schlage ich ein«, rief Ivo. »Du wirst den Traktor wieder abschaffen, wenn ich gewinne. Und von dem ersparten Geld uns allen höhere Löhne zahlen.«

»Und wenn du verlierst, war das deine letzte Arbeit auf meinem Hof – und von deinen Freunden auch!«, rief Abdullah zurück.

Die jungen Burschen scharten sich um Ivo, klopften ihm auf die Schulter und skandierten seinen Namen.

Wochenlang bestimmte der anstehende Wettkampf die Gespräche im Dorf. Je näher der entscheidende Tag rückte, umso verbissener wurden sie. Die Schnitter und ihre Familien bauten auf Ivo. Wer wollte schon den Arbeitsplatz an eine Maschine verlieren? Für die jungen Frauen war er der Held, der sich der unheimlichen Bedrohung stellte.

Die meisten Bauern waren skeptisch. Sie wollten mit eigenen Augen sehen, ob die Maschine hielt, was sich der Großgrundbesitzer davon versprach. Bislang lief auf ihren Höfen alles im gewohnten und guten Maß, sodass sie keine Notwendigkeit für Änderungen sahen.

Die anderen trauten der Maschine den Sieg über den Menschen zu. Einige von ihnen, wie der Müller oder der Besitzer des Schleifkottens, nutzten Maschinenkraft und wussten um die segensreiche Unterstützung der Technik.

Der Wettbewerb wurde, was damals nicht oft bei Ereignissen im Dorf geschah, in mehreren Fotografien festgehalten. In der Dorfchronik werden Sie die nicht finden, denn die enthält nur schriftliche Berichte. Aber im Schularchiv sehen Sie neben Fotografien der einzelnen Schulklassen auch Bilddokumente von wichtigen Veranstaltungen. Darunter einige Fotos von dem Wettbewerb. Eines zeigt die zwei Roggenfelder, die der Großgrundbesitzer mit bunten Bändern bis zu einer Hügelkette abgesteckt hatte. Auf einer der Erhebungen steht eine kleine Moschee. Drum herum einige hundert Menschen, die talwärts blicken, über die Felder bis zum Fluss. Mit gestochen scharfer Handschrift hat jemand unten rechts das Datum der Fotografie vermerkt – 28. Juli 1914.

Ivo machte sich kurz nach Tagesbeginn mit seinen Freunden und Anhängern auf den Weg vom Dorf hinaus zu den Feldern. Seine Sense hatte er lässig über der Schulter liegen. Die Sonne fingerte durch die Blätterkronen und versprach einen schönen Sommertag. An einigen Stellen mussten die Männer ausweichen, da der Boden wegen der starken Regenfälle der letzten Woche noch feucht und glitschig war.

»Da gräbt sich so ein schwerer Dampftraktor ein«, freuten sich die Unterstützer. »Ivo«, riefen sie ihm zu, »ideale Bedingungen für dich!«

»Passt schon«, entgegnete der und stimmte ein Wanderlied an. Laut singend verließ die Schar wenig später den Wald und schaute auf die frei liegenden Roggenfelder. Die Burschen blieben stehen und starrten auf den Traktor, der zischend und rauchspeiend alle Aufmerksamkeit auf sich zog. Ein Fotograf aus Sarajevo lichtete Honoratioren ab, die sich vor dem Traktor in Pose gestellt hatten. Im weiteren Umfeld standen hunderte Zuschauer. Viele aus den Nachbargemeinden. Aber es schien auch Menschen von weiter her hier herausgezogen zu haben, da Ivo die Gesichter nicht bekannt waren. Für einen Moment wurde ihm mulmig, dann fasste er sich und ging mit großen Schritten auf die Schar vor dem Traktor zu. »Salam aleikum die Herren«, grüßte er.

»Aleikum asalam«, echote es von der Runde. Hamadcic nahm Ivo beiseite und wies auf das Feld neben dem Dampftraktor. »Hier kannst du sensen, auch wenn es nicht viel bringt. Wirst schon sehen. Aber sei's drum. Mit dem heutigen Tag läute ich eine Wende ein. Und du wirst deinen Teil dazu beitragen.« Er klopfte ihm auf die Schulter und ging zurück zu der Maschine.

Punkt zehn Uhr hob Abdullah Hamadcic eine Fahne und eröffnete den Wettbewerb. Mit einem lang andauernden Pfeifen und einer großen Dampfwolke reagierte der Keck-Gonnermann. Dann zog der Maschinist den Starthebel. Langsam setzte sich das Stahlgebirge unter lautem Zischen und Ausstoßen gewaltiger Rauchschwaden in Bewegung. Kurz bevor der Traktor in das Roggenfeld hineinfuhr, schaltete er das seitlich angesetzte Mähwerk ein. Sofort ergänzte ein ohrenbetäubendes Rattern die Kakophonie. Die Vorderzinken erfassten die Halme, schoben sie zusammen und klemmten sie ein. In rhythmischen Abständen zogen Messer an dem eingeklemmten Roggen entlang und schnitten ihn eine Handbreit über dem Boden ab. Sauber abgetrennt fielen die Büschel nach hinten auf den Boden.

Fasziniert und wütend zugleich beobachtete Ivo die Arbeit des Traktors. Schnell schätzte er ab, dass er die Maschine auf dem flachen Gelände nicht besiegen konnte. Aber gut ein Drittel des Feldes verlief in Richtung der Hügelkette und war geneigt. »Kann sein, dass du Mistkerl wirklich schnell bist, aber ich krieg dich am Hang«, sprach er sich Mut zu und begann in weit ausholenden Schwüngen mit der Mahd. Die Zuschauer hatten sich auf die Anhöhe bei der Moschee begeben. Viele hatten Decken mitgebracht, und so saßen die meisten in Gruppen, wie bei einem sonntäglichen Picknick quer über den Bergrücken verteilt.

»Da schaut«, rief der Müller, der mit seinem windgetriebenen Mahlwerk ein Befürworter der Dampfkraft war, nach einigen Stunden. »Der Ivo hat keine Chance. Der Traktor hat schon über die Hälfte gemäht. Und Ivo steht immer noch im ersten Drittel.«

»Abgerechnet wird zum Schluss«, schallte es aus der Gruppe von Ivos Freunden, die sich vor Freude auf die Schenkel klopften, als der Motor plötzlich stoppte und die Geräuschkulisse erstarb. Der Fahrer kletterte heraus und lief zum Startplatz. Er griff zwei Eimer, füllte sie mit Wasser aus der Drina und lief damit zurück zu dem Traktor.

»Tja«, freuten sich die Anhänger Ivos. »So eine technische Neuheit ist anspruchsvoll. Ständig braucht sie Wasser und Kohle. Das kostet Zeit.«

Ivo blickte nur kurz auf, als die Maschine stoppte. Mit einem Lächeln nahm er die unfreiwillige Pause seines Gegners wahr. »Ja«, schoss es ihm durch den Kopf, »ich krieg dich.«

Nach einer Stunde setzte sich der Trecker wieder in Bewegung und stellte rasch den alten Abstand zu Ivo wieder her.

Die Zuschauer hatten gerade begonnen, ihre mitgebrachten Speisen zu genießen, als plötzlich das Rattern aufhörte und ein langgezogenes Wimmern ertönte.

»Das hat der Ivo von Anfang an gesagt. Die Maschine schafft den Hang nicht«, tönte Asim, Ivos bester Freund, und zeigte auf den schief am Hang stehenden Traktor. Durch sein Gewicht drückte der Apparat das Mähwerk einige Zentimeter in das Erdreich. Die Hinterräder drehten sich nur noch langsam und gruben sich immer tiefer in den feuchten Boden ein. Dann stoppten sie. Der Fahrer verließ seinen Stand und ging langsam um die Maschine herum. Nachdem er sich ein Bild von der Situation gemacht hatte, stieg er wieder auf und begann, Kohle in den Kessel zu schaufeln. Die Hitze im Behälter stieg, und der Druckanzeiger erreichte den rot unterlegten Bereich. Mit einer schnellen Drehbewegung öffnete der Fahrzeugführer die Ventile, und die Kolben setzten sich zitternd in Bewegung. Sie trieben das außen liegende Gestänge an, das wiederum die Hinterräder drehte, die sich aber nur noch weiter eingruben. Der Mann schloss das Ventil und öffnete das Gegenstück. Die Traktorreifen drehten sich jetzt in die andere Richtung, hangabwärts. Durch schnelles Zu- und Aufdrehen der Verschlüsse erzeugte er eine Schaukelbewegung.

Nach und nach wurden die Ausschläge größer, bis die Maschine sich schließlich mit einem Hupfer rückwärts aus dem Loch befreite. Schnell drehte der Fahrer das Lenkrad, um die kleinen Vorderräder an den Vertiefungen vorbeizuführen. Dabei kam der Traktor vollends in Schieflage. Er rutschte einige Meter nach unten und blieb an einer Bodenvertiefung hängen. Langsam neigte er sich dem Tal entgegen. Mit jedem Zentimeter, den sich der Koloss aus dem Gleichgewicht entfernte, knackten die unter Spannung stehenden Metallgestänge schneller und lauter. Unter wildem Kreischen verlor das Ungetüm vollends das Gleichgewicht und stürzte auf die Seite. Als der Kessel den Boden berührte, stieß kochendes Wasser mit Wucht aus dem Überdruckventil aus und bildete zischend eine alles umhüllende weiße Wolke. Die glühenden Kohlen fielen aus dem Rost in den Kamin und erzeugten einen Funkenregen, der die Dampfwand wie ein Sieb durchlöcherte und auf den bereits gemähten Roggen niederprasselte. Die kleinen Glutnester steckten den Roggen großflächig in Brand. Der Maschinist, der sich mit einem Sprung gerettet hatte und den Hang hinuntergerollt war, rappelte sich auf und rannte humpelnd Richtung Drina. Ivo, der den Unfall von seinem Feld aus verfolgt hatte, schulterte seine Sense und flüchtete in die entgegengesetzte Richtung, weiter auf die Anhöhe.

»Ivo, gut, dass dir nichts passiert ist!« Asim umarmte ihn, als er die Kuppe des Hügels erreichte. Von überall kamen Hände, die ihm wohlmeinend auf den Rücken klopften.

Am Nachmittag hatten etliche Freiwillige, gemeinsam mit den Fahrern des Spritzenwagens, der wegen der weithin sichtbaren Rauchsäule ausgerückt war, die Flammen gelöscht. Den Brandschaden konnten sie auf die beiden Roggenfelder beschränken. Der Maschinist kam mit einer Prellung und dem Schrecken davon.

Bevor der Weg nach unten wieder frei war, richtete Hamadcic das Wort an Ivo und die Umstehenden: »Wir haben heute gesehen, dass der Dampftraktor durchaus in der Lage ist, schneller und besser zu mähen als wir Menschen. Aber er ist noch nicht ausgereift. Und das Risiko, die gesamte Ernte durch einen Brand zu verlieren, ist einfach zu hoch. Ich werde die Versicherungsprämie, wie vereinbart, für die Lohnerhöhung einsetzen. Ivo, ich gratuliere dir zu deinem Sieg.«

Die letzten Worte gingen im Jubel der Mäher und dem Applaus der übrigen Zuschauer unter. Jetzt packte jeder noch vorhandene Reste an Essen, Wasser und Tee aus, und gemeinsam wurde das außergewöhnliche Ereignis gefeiert. Gegen Abend leerte sich der Hügel langsam. Zurück blieben Ivo und Asim. Gemeinsam genossen sie Schulter an Schulter den Sieg und schauten auf die untergehende Sonne.

»Ich habe immer daran geglaubt, dass du den Traktor besiegst«, sagte Asim.

»Ich weiß«, erwiderte Ivo, »keine Maschine wird uns je ersetzen können.«

Natürlich können Sie die Dorfchronik und die Fotosammlung der Schule an dieser Stelle schließen. Wenn Sie jedoch weiterblättern, sehen Sie auf der folgenden Seite einen eingeklebten Zeitungsartikel über den Beschuss Belgrads, wenige Stunden nach Ivos Sieg. Und ein Bild von den Heimkehrern des Krieges, wie sie in der Mitte des Dorfes empfangen werden. Dann wird die Welt farbig. Im Laufe der Jahrzehnte, die Sie durchblättern, schwinden die Felder nach und nach. Sie machen Häusern und Straßen Platz.

Das Foto auf der letzten Seite zeigt den Dorflehrer neben dem Schulminister aus Sarajevo bei der Übergabe von Laptops für den digitalen Unterricht.

Ulrich Bornewasser

Tod und Landmann

C. Schroeder phot.

Heinke Stulz – Der Tod und der Landmann

Der Tod und der Landmann

Wir hatten darum gewürfelt, er und ich, wer den Tod geben durfte und wer den Landmann. Natürlich wollten wir beide den majestätischen Tod spielen, die einzige wirklich aristokratische Rolle auf der Bühne, was sage ich ›Bühne‹, erst recht im Leben. Der Landmann dagegen wird immer ausgelost, ein armer Tropf, der täglich arbeiten muss, um nicht zu verhungern. Schönheit, Tugend, Ehre, das sind für ihn wohlklingende Münzen, für die man sich in seiner Welt nichts kaufen kann. Nur an das Geld glaubt er, davon kann man erwerben, was dem Leib wohltut.

Aber ihr erratet es schon: Der, der hier spricht, ist der, der den Landmann gewürfelt hat. Landmann sein, einen ganzen Sommer lang, im Theater der Welt.

Ich nahm mein Kostüm mit nach Hause, aus gutem, schwerem Stoff, rotbrauner Samt. Der Sonntagsstaat für den Bauern. Immerhin. Wir waren zusammen in der Requisite gewesen, um die Kostüme abzuholen. Seines bestand aus einem schwarzen Zelt, wohl aus Filz, in das man unterschlüpfen musste. Die Knochen vorn aufgemalt, nur der Schädel war eine Maske. Wir spielten im Sommer, unter der sengenden Sonne. Seine triumphierende Miene verdunkelte sich. Ich kontrollierte meine Mimik. Keine Schadenfreude sollte meine Lippen kräuseln. Schließlich hatten wir gewürfelt, und die Entscheidung des Schicksals muss auch ein Landmann mit Würde tragen.

Es war Karnevalszeit, als wir die Kostüme bekamen. Ihr könnt euch vorstellen, was uns sofort in den Sinn kam.

Wir verabredeten uns für den gleichen Abend in der Südstadt, selbstredend im Kostüm. Wir wussten, der Requisite war das nicht recht, aber uns doch sehr.

Ich Landmann, er Tod. Ich sah ihn schon von Weitem an dem Platz stehen. Hoch aufgerichtet mit seinen ein Meter 90. Die Passanten schauten scheu an ihm hinauf. Seine Augen blieben unsichtbar, blind, aber sie glänzten, er sah alles und nichts, das machte ihn übermenschlich. Ein heißes Kostüm.

Ich ging auf ihn zu, griff ihn am Arm und beglückwünschte ihn zu dem spektakulären Auftritt. Er dreht mir sein blickloses Gesicht zu und kicherte leise. Ich grinste. Er sah das hoffentlich. Mein Freund, heute als unnahbarer Tod. Er legte mir die Hand auf die Schulter und schob mich vor sich her. Ah so, spazieren gehen. Diesen Vorschlag verstand ich bei seiner Verkleidung sehr gut.

Ich, im sympathischen Mittelalterkostüm aus braunrotem Samt, so schien es, stieß auf Sympathie. Ich sah einige Mädchen, die gerne mit mir ins Gespräch gekommen wären. Nicht mit dem blinden Tod an meiner Seite, der seine Gebeine so nackt zur Schau stellte. Irgendwie obszön. Den streiften oder übersprangen die Blicke. Er hatte die Sense dabei, von der Straßenbeleuchtung gestreift, blitzte sie auf, wie mit einem elektrischen Blinklicht versehen. Vielleicht das schönste Stück seines Kostüms.

Natürlich hatte ich meinen Spaten dabei, keck über die Schulter geworfen wie beim fröhlichen Landmann aus den Propagandafilmen. Dazu pfiff ich mir eins und fühlte mich wie ein Straßenschauspieler. Auch wenn ich heute mit dem Eremitenkostüm neben mir keine Eroberungen machen würde. ›Man soll nie aufhören, seine Magie zu üben und immer wieder zu üben‹, dachte ich und schaute mich nach Mädchen um.

Hinter uns hatten sich drei angeschlichen. Ihr Geflüster und Gekicher in unserem Rücken. Mein Freund, im Kostüm des Todes, berührte mich am Arm.

Ich blieb stehen und wandte mich ihm zu. Eine lautstarke Streitszene, angelehnt an Hamlet. Hätte euch gefallen. Aus den Augenwinkeln betrachtete ich unsere Verfolgerinnen. Drei Mädchen, Mitte 20, verkleidet als niedliche Nymphen oder Waldfeen, blau und grün und Silber, irgend so etwas. Drei Freundinnen im gleichen Kostüm, angereist, um Abenteuer zu erleben, die einen Post bei Instagram wert waren. Mich sahen sie nicht, dafür aber den Tod in seiner Höhe, mit dem vielversprechenden Kostüm und seiner tönenden Bassstimme.

Sie ergriffen sofort Partei und mischten sich ein, ganz wie geplant. Aber eine von ihnen, wohl die Klügste, in wirbelnden grünen und blauen Blättern, bemerkte schnell, dass drei Verehrerinnen für ein Kostüm zu viel waren, und fand Gefallen an mir. Sie kam mir zu Hilfe. Wir lächelten uns an. Entblößte Schneidezähne.

Irgendwann legte der Tod seinen knochig bemalten Arm um meine Schultern, und wir beendeten den überflüssigen Disput, um uns den Mädchen zuzuwenden. Ina mit den Blättern hatte sich schon bei mir untergehakt, bei dem Tod rechts Monika mit dem silbernen Blick und links Maria mit dem schweren Wimpernschatten. Er konnte noch wählen.

»Na, mein Schöner, wie lange gibst du mir?«, fragte Maria mit halbgeschlossenen Augen. »Und darf ich dich vorher küssen?«

Also neigte unser Tod seinen Kopf mit der Maske herab und ließ sich mit dem Kuss der Meeresnymphe ablichten. Wie ihr euch vorstellen könnt, waren es unzählige Fotos. Marie, Monika, Monika, Marie, Ina. Dann erinnerte man sich an mich, den ohne Maske, und eine neue Foto-Runde begann. Da capo. Mit richtigen Küssen.

Aber die Verkleidung des unnahbaren, nackten Todes blieb die Hauptattraktion. Marie und Monika schmiegten sich an ihn, um herauszufinden, wo er in dem schwarzen Zelt genau steckte, mit seinem sehr lebendigen männlichen Körper, und fanden das Versteckspiel des schwarzen Todes höchst reizvoll, weil völlig ungefährlich. Das aufgemalte Skelett gab geschmeidig nach.

Mir blieb Ina mit ihrem grünschillernden Blätterkostüm treu, ich erzählte ihr vom Leben eines Landmanns und sie vom Leben einer Baumnymphe. Wir stellten viele Gemeinsamkeiten fest und kamen uns in unseren Verkleidungen immer näher, ich männliche historische Figur, sie weiblicher Mythos.

Wir waren schon beim Küssen und Schnäbeln angekommen und wären gerne mehr für uns gewesen oder in einer vollen Kneipe. Die Nymphe und der Bauer, ein ideales Paar. Sie im Wald – ich auf dem Feld. Sie mit Fuchs und Reh, ich mit Schaf und Ochse. Sie konnte fliegen, ich nur pflügen. Es hörte gar nicht mehr auf.

Da warf ich wieder einen Blick auf meinen Freund und seine Begleiterinnen. Die Nymphen hatten Flachmänner dabei, die sie ihm anboten. Aber es störte sie nicht, dass er nicht trinken konnte, sie taten es für ihn mit und wurden immer lustiger.

Von beiden Seiten umgarnt wie von Schlingkraut, wusste er nicht mehr, wie er die Sense halten sollte. Das übernahm die Nymphe Monika. Sie gaben ein schönes Bild ab. Der Tod in der Mitte, schwarz und düster, eingerahmt von den flirrenden grünen Nymphen.

Aber der Tod, was soll man machen, ist eine Outdoor-Existenz. Das schienen die Mädchen langsam einzusehen. Sie streichelten seine Arme und versuchten, in seine Augen zu sehen. Sie wollten den Tod und wollten ihn auch nicht. Oder lieber den, der im Kostüm steckte, mit seiner beachtlichen Größe?

Sie hatten sich entschieden. Wollten ihm jetzt tatsächlich sein Gewand ausziehen oder vielleicht darunter schlüpfen? Mit der Sense in der Hand rupften sie am hinteren Saum. Er wehrte sich, aber sie waren zu zweit. Ich trat zu ihm und klopfte ihm auf den Rücken. Daraufhin gingen die beiden Nymphen auf Abstand. Er bückte sich, ordnete den Umhang und versteckte peinlich berührt die dünnen, schwarzbestrumpften Beine. So richtete er sich wieder zu voller Größe auf, in seinem schwarzen Gewand, und verwandelte sich zurück in den Tod.

Ina hatte meinen Arm fest im Griff, sie blieb bei mir. Die beiden drehten sich um und nahmen den Tod erneut in Beschlag, rechts und links wie ein Blumenspalier. Er begann wieder mit ihnen zu plaudern, wohl um sie in Schach zu halten, während wir weitergingen.

»Wie lange noch willst du auf dieser Straße gehen, Bergnymphe?«

»Bis mich einer wegführt«, so Marie mit schelmischem Wimpernaufschlag.

»Du weißt, dass der Tod keine Gefährtin hat.«

»Umso besser«, drängte sich Monika laut und silbern dazwischen. »Ich habe einen Freund, einen zweiten kann ich nicht gebrauchen.«

»Aha, also seid ihr auf Abwegen unterwegs.«

»Es ist Karneval, da sind alle Wege offen«, kam es von Monika, flankiert von einem pfeilgraden, hellen Blick.

»Und du hast keine Angst vor mir?«

»Nein, ich bin zu jung, um Angst vor dir zu haben«, das war Marie mit Schmollmund.

»Ich weiß, dass ich alt sterben werde«, so Monika.

»Aber ich habe Angst vor dir«, mischte sich nun Marie wieder ein und ließ die schwarzen Wimpern flattern.

»Willst du trotzdem mit mir gehen?«

»Ja«, sagte Marie treuherzig mit vollem Augenaufschlag. »Ich liebe Horrorfilme.«

»Oh, ein Fan.«

»Du kannst dir schon vorstellen, was für Angebote ich von meinen schönen Toten bekomme?«, fuhr er fort.

»Wirklich? Wie machst du das? Mit deinen Knochen? Dir fehlt einiges.« Kam es mit einer wegwerfenden Handbewegung von Monika.

»Und lässt du sie dann länger leben?« Die immer noch hoffnungsvolle Marie.

»Nein, nie, das wäre gegen den Kodcx.«

»Warum wollen sie es dann?« Monika, stechend klarer Blick.

»Aus dem gleichen Grund, wie Männer mit mir Schach spielen oder rauchen wollen. Ein letzter Akt.« Diese Worte gefielen offensichtlich Marie, deren Blick sich umflorte.

»Und was passiert, wenn du gegen den Kodex verstößt?« Das kam von Monika, unerbittlich wie ein Messerstoß.

»Dann bin ich meinen Job los.«

»Macht es dir Spaß, den Tod zu spielen?« Marie, kindlich.

»Oh ja, besser als Landmann, oder?«

»Bist du sicher?«, fragte sie ihn zweifelnd, wie sie mich mit Ina Kopf an Kopf so innig dastehen sah.

»Komm her, meine kleine Waldnymphe, nur der Tod kann dich umarmen, wie ich es tue.«

Erschrocken machte sie sich von ihm los und flüchtete zu Monika. Sie lächelte nicht mehr unter den fächerartigen Wimpern. Einen Typen ohne Augen zu erobern, war ihr wohl doch nicht geheuer.

Der Tod hatte wieder seine Sense und spielte mit ihr. Er schien nicht recht zu wissen, was er anfangen sollte.

Tja, auf der Bühne wird er groß herauskommen in seiner Rolle, aber hier auf der Straße hatte ich doch die Vorteile auf meiner Seite. Ich lächelte und fragte, um ihm zu helfen, die beiden Schönheiten: »Meine Damen, wer möchte ihn geschenkt haben?«

»Wie, was meinst du damit?«, bohrte Monika nach, kühl, eine Falte zwischen den Brauen.

»Der Tod ist mein Freund, ich verschenke ihn heute Abend. Aber ihr müsst ihn nehmen, wie er ist, vermummt, ohne zu wissen, wen ihr da bekommt.« Ich fühlte mich wie auf dem Weihnachtsmarkt, heiße Maronen verkaufend.

Marie rückte dicht an Monika heran.

»Wir wollen ihn nicht«, kam von Monika sehr klar und hell zurück.

»Wir wissen ja nicht einmal, wie er aussieht«, fügte die kluge Marie hinzu und senkte die Wimpern wie zwei Palmwedel.

»Der Tod hat kein Aussehen. Aber er ist unsterblich. Das macht ihn so attraktiv. Ihr könnt in das Theaterstück kommen, dann seht ihr ihn auf der Bühne in seinem Kostüm. Wollt ihr wissen, wie er aussieht, der da in dem Kostüm steckt? Geht mal auf Facebook.« Ich nannte ihnen seinen Namen. »Da könnt ihr sehen, wen ihr vor euch habt.«

»Boh, der ist ja berühmt«, sagte Monika, nachdem sie ihn gefunden hatte.

»Und der ist ganz süß, guck mal, das Foto da.« Marie wies mit dem Zeigefinger auf sein Bild.

Vor Ehrfurcht waren sie wieder nüchtern geworden unter ihrem Kostüm und etwa fünf Jahre jünger.

Der Tod fand das alles klaftertief unter seiner Würde und schaute mich unter seiner Maske sicher böse an, aber auf seiner Maske trug er dieses dämliche Grinsen, das mir weiter Mut machte.

Sie bewunderten ihn, was wollte er mehr! Jetzt wollten sie sogar ein Autogramm von ihm haben, sogar meine Ina. Ich hielt mich zurück und sprach nicht von meinem Facebookprofil. Es sollte sein Abend sein. Wir versprachen ihnen Karten für das Stück, das Theater der Welt, das mit dem Sommer starten würde. Aber für heute Abend glitten süße, enttäuschte Hoffnungen an seinem Kostüm entlang wie Honigtränen an einem geschlossenen Topf. Spürte er das nicht? Da stand er mit der blinkenden Sense und konnte nichts tun.

Nun waren Autogramme gegeben, Karten versprochen, ich hatte sogar die Handynummer von Ina erhalten, auch von den anderen beiden, um die Fotos auszutauschen, natürlich. Sein Handy war nicht in dem Kostüm. Der Tod mit Handy, damit ihn wer anruft? Der liebe Gott? Der braucht kein Handy.

Alles war gut. Alles war zu Ende. Es begann leise zu nieseln. Der Vorhang fiel. Er stand immer noch da, und plötzlich stand er nicht mehr da, sondern war in voller Länge zu Boden geglitten, fast lautlos. Nur die Sense klirrte leise beim Aufprall. Die beiden Nymphen ließen einen melodischen Schrei hören, wie es sich für Nymphen geziemt. Der Tod wurde ohnmächtig, es war zum Lachen. Ich stand kurz davor, ihm das Kostüm auszuziehen, aber das würde zu lange dauern. Also setzte ich mich neben ihn auf den nassen Boden, denn ich hörte seinen Atem nicht. Mit der Nagelschere von Ina, die sie sofort aus ihrem Rucksack gezaubert hatte, schnitt ich seine Maske auf, denn ich spürte kaum mehr den Puls. Zum Teufel mit der Requisite!

Da lag er nun, mein ohnmächtiger Freund, auf seinem Filzmantel, auf dem die Tropfen glänzten, und war wirklich schön. Die beiden Nymphen schauten ihn andächtig an, mit gefalteten Händen. Ich nahm seinen Kopf hoch und prüfte Atmung und Puls. Bald würde er wieder zu sich kommen. Das verdammte Kostüm. Die Requisite hatte uns gewarnt. Ich hatte es nicht eilig, ihn aufzuwecken, da die Bewunderung der Mädchen endlich ihm galt. Sie ergoss sich über ihn wie Himbeersoße über einen Griespudding, wie er da so lag, mager, bleich und schwarzhaarig, der Kiefer unrasiert. Echte Männlichkeit eben.

Er unterbrach eigenmächtig die andächtige Stille, hustete sich frei und schlug die Augen auf, die im Laternenlicht glänzten wie Metall, ganz schwarz, sodass die Mädchen die Luft einzogen und anhielten. Er schien immer noch benommen, so konnte die Verzauberung anhalten. Nur das Kostüm war ruiniert.

Mein Freund, der Tod, setzte sich auf und tätschelte meinen Arm. Ich verzieh ihm, das Diktat der Rolle. Der Tod bedankt sich nicht.

Hätte ihn nach diesem Zwischenfall gerne nach Hause gebracht, aber ihr könnt euch denken, dass er das jetzt nicht mehr wollte.

Ich ging mit Ina noch in viele Kneipen zu vielen Kölsch, und der Abend brachte uns viel Gelächter und den Körper des anderen ganz nahe und vielleicht auch mehr, aber daran erinnerten wir uns nicht mehr so genau, obwohl wir am Morgen zusammen aufwachten, aneinandergeschmiegt und ziemlich erschöpft.

Was aus meinem Freund in dieser Nacht wurde, weiß ich nicht genau, Ich hoffe, er pflückte die Früchte der Arbeit, die ich mir mit ihm gemacht hatte, und ging mit den beiden Waldnymphen weiter, angetrieben von Marie mit den umschatteten Augen, gebremst von der scharfsichtigen Monika. Wer da wohl gewonnen hat? Die Maske war er los. Wie lange er den schweren, nassen Zeltmantel mit sich geschleppt hat?

Das verflixte Kostüm!

Wir trafen uns im Theater wieder. Nach den Blicken des Requisiteurs fühlte ich mich wie ein Küchensieb. Das Kostüm sei nur für 90 Minuten zugelassen, wegen der Sauerstoffversorgung, krächzte er. Ob wir das nicht gewusst hätten? Das stehe doch im Vertrag. Neubeschaffung gehe auf seine Rechnung. Damit drehte er sich um.

So hätte ich doch noch den Tod spielen können. Einen etwas kleineren und kürzeren Tod. Denn mein Freund hatte fortan einen körperlichen Abscheu gegen dieses Kostüm. Ein echtes Trauma, wie er mir augenzwinkernd versicherte. Also blieb ich besser doch beim Landmann, der lag mir irgendwie.

Und Ina kannte mich schließlich nur als Landmann in braunrotem Samt. Der Tod ist nicht wirklich sexy.

Heinke Stulz

Anja Reetz – Der Sensentanz

Der Sensentanz

Corinna kam glücklich nach Hause, in der Hand einen Strauß Blumen, die sie auf der Wiese mit der Sichel geschnitten hatte. Ich saß schon in der Küche mit meinem Feierabend-Kaffee. Die Arbeit im Sensenhammer ist immer sehr anstrengend. Auf dem Tisch lag eine Einladung zu einer Rave-Party in der Scheune. Ich freute mich sehr auf dieses Event: endlich wieder etwas mit Corinna zusammen unternehmen können!

Das war vor drei Monaten.

Die Veranstaltung verlief anders, als ich es mir je hätte vorstellen können. Nur ein paar Stunden, die mein ganzes Leben veränderten. Ein Tanz, der alles veränderte: in ihr, in mir, in uns allen.

Corinna war betrunken. Hatte viel getrunken, viel zu viel. Mit ihrer Freundin Josi. Wieder einmal war Josi zu Besuch. Obwohl wir an diesem Wochenende vereinbart hatten: kein Besuch. Nur wir zwei allein.

Josi hatte auch die Idee gehabt, dass Corinna im Dorf eine Capoeira-Gruppe gründete. Das halbe Dorf konnte Corinna dazu bewegen. Jedenfalls die Frauen des Dorfes. Mich begeistert sowas nicht. Ich bin nicht der Typ, der sich zu Musik bewegt. Es ist ein Spiel, ein Dialog ohne Worte. Man bildet einen Außenkreis, klatscht und singt. Innerhalb des Kreises tanzen zwei Capoeiristas einen rituellen Kampf. Mit Tritten, Finten, Ausweichbewegungen und Akrobatik-Einlagen.

Bis heute weiß keiner, wie Corinna auf die Idee kam, einen Capoeira-Kampftanz mit der Sichel zu machen. Die Sichel war ihr *Partner in crime*. Eine Capoeirista spielt auf kreative Art und Weise. Capoeira steht für Sehnsucht und Widerstand seit den Zeiten der Sklaverei. Das aktive Spiel findet normalerweise zwischen zwei Spielern statt – und nicht mit einer Sichel.

Zuerst fanden wir das alles lustig, wir lachten fröhlich, standen am

Rand, klatschten und schauten zu, wie sie sich schwungvoll bewegte, akrobatische Übungen machte und die Sichel im Takt schwang. Doch dann wurden ihre Bewegungen aggressiver, fast schon rücksichtslos, und sie kam uns mit der Sichel gefährlich nah, die wir im Kreis standen, klatschten und mitmachten. Aus dem fröhlichen Lachen wurde ein Schreien im Takt der Musik. Ich sah, wie Corinna schwebte, sie merkte nicht, wie alle um sie herum starr wurden, wie Wachsfiguren dastanden und sich an die Scheunenwand pressten, sie merkte das alles nicht. Sie war so in Ekstase. Hörte auch mich nicht.

Auf einmal stoppte die Musik, und Totenstille trat ein.

Mohnblüten – woher kamen sie? – spritzen durch die Scheune. Blieben an unser Kleidung hängen. Sahen aus wie Blutflecken.

Dann schrie Corinna: »Ihr Wachsfiguren!«

Ich war geschockt, fühlte mich tatsächlich wie Wachs, mir war heiß, ich hatte das Gefühl, ich schmelze. Dass mir gerade mein Leben entglitt. Das schöne Leben mit meiner Corinna. Ich wollte mich bewegen. Es ging nicht. Ich stand da wie eine Wachsfigur. Regungslos. Ich hörte nur ihre Worte.

»Das Dorfleben! Diese konservative Haltung! Hauptsache nix Neues, immer schön am Alten festhalten! Capoeira, dieser Tanz, der euren Frauen so guttut. Wo sie ihren Frust rauslassen können. Ihr Männer wolltet das nicht. Ich hasse euch. Ihr, die ihr keine Menschen duldet, die anders sind, die ihr Lesben, Schwule, Bisexuelle oder queere Menschen hier im Dorf nicht haben wollt. Ich will all das nicht mehr. Ich bin eine Frau, die Träume, Wünsche und Hoffnung hat.«

Sie ließ die Sichel fallen, ging auf Josi zu und küsste sie. Hand in Hand gingen sie zurück zu der Sichel. Hand in Hand. Sie lachte mich an, lachte die Dorfbewohner an, dann sprach sie weiter: »Nun könnt ihr es alle sehen, ich bin eine Frau, die eine Frau liebt. Ich liebe das Landleben und würde hier gerne leben mit meiner Freundin, ich liebe den Duft von Natur, von Freiheit, und endlich kann ich zeigen, wen ich liebe, schon lange habe ich mir gewünscht, offen damit umzugehen. Ich konnte es aber nicht. Das Leben auf dem Land ist für mich nicht möglich. Wo es Menschen wie euch gibt, die eine so konservative Haltung an den Tag legen und sich auch noch meine Freunde schimpfen. Ihr seid steif wie Statuen. Ich habe manchmal das Gefühl, ich lebe in einem Wachsfigurenkabinett.« Sie drückte Josi an sich. »Das ist Josi. Sie ist die Frau, die ich liebe. Sie ist aus der Stadt. Sie schreibt Bücher. Sie gibt mir Freiheit. Sie kann malen, und sie kann ihre Worte auf Papier tanzen lassen. Sie versteht mich. Sie hat Zeit für mich. Sie muss nicht jeden Morgen früh aufstehen oder Mittagessen kochen. Ich habe mich gerade freigetanzt von jeglichen Dos und Dont's, frei von jeglicher Norm, von dem ewigen ›das tut man‹, ›das tut man nicht‹. Seht her, das ist Josi, eine starke Frau mit Mut. Sie hat mir geholfen, mich freizutanzen. Ihr solltet stolz sein, sie in eurer Mitte zu haben.«

Corinna sah in die Runde, suchte unsere Blicke.

Keiner fand ein Wort. Wir alle waren erstarrt, noch immer an die Wand gepresst.

Als die beiden Frauen Hand in Hand die Scheune verließen, leuchtete die Sonne in den Eingang und bildete einen Lichtkranz um sie, der im Glas über der Tür schillerte, es sah aus wie ein Regenbogen.

Das war vor drei Monaten.

Und heute sitze ich im Gefängnis, trauere Corinna hinterher.

Die Nachbarin, der der Hof neben unserem gehört, hatte mich vorher schon besucht, wenn Corinna die Wochenenden bei Josi in der Stadt verbrachte. Aus einer guten Freundin wurde eine Affäre. Mir bedeutete sie nicht viel. Hauptsache, es lenkte mich von der Trauer ab. Nachdem Corinna und Josi die Scheune und das Dorf verlassen hatten, wurde ich oft bemitleidet. Einige waren entsetzt über Corinna, andere versuchten, sie zu verstehen. Das Dorf spaltete sich.

Man hat mir eine Therapie auferlegt im Gefängnis. Zum ersten Mal spreche ich über meine Gefühle und die Ereignisse. Es fällt mir noch immer schwer loszulassen und zu verstehen, was passiert ist.

Ich denke oft an Corinna.

Josi ist verständnisvoll und einfühlsam. Ich war meiner Frau ein dominanter Mann, manchmal brutal, aber auch ein Verführer, der sie dazu brachte, wider ihre Bedürfnisse zu handeln. Das stelle ich in der Therapie fest. Ich schaue auf das Foto, auf dem Corinna abgebildet ist. Sie sieht so glücklich aus mit ihren Wiesenblumen und der Sichel in der Hand. Das Foto habe ich gemacht. Es entstand nach dem Spaziergang auf der Wiese. So eine hübsche Frau.

Vor drei Monaten hat sich mein Leben schlagartig geändert.

Ich war verzweifelt, suchte das Paar in seiner Wohnung auf. Schlug Josi krankenhausreif. Ich weinte dabei bitterlich. War wütend und verzweifelt, dass sie mir meine Frau genommen hatte. Ich drohte dem Paar, sie zu ermorden. Ich war so hilflos. Meine Frau, die ich über alles geliebt habe, liebt eine Frau, und ich, ich stand da wie der Dorfdepp, der sich seine Frau von einer anderen hat wegschnappen lassen. Ich floh aus der Wohnung, kam aber nicht weit, die Polizei stellte mich. Ich gestand, dass ich Josi krankenhausreif geschlagen und den Frauen gedroht hatte, sie umzubringen, wenn Corinna nicht zurückkäme. Ich wurde vom Richter verurteilt, sitze nun meine Strafe ab und mache eine Therapie.

Die Nachbarin erzählte mir, sie hätte gehört, dass Josi und Corinna heiraten wollen.

Vor mir liegen die Scheidungspapiere. Es trifft mich wieder mitten ins Herz. Das Foto fällt auf den Boden.

Still die Worte, die ich Dir sage
Kraftvoll und laut
Aber doch sehr leise

Heilanstalt
Ohne Matratze
Tintenfass ist umgekippt
Erlebe Wellengang ohne Schiff
losgelöst

Anja Reetz

Elna Borch: Erlöst.

Christian Linker – Der Tod und das Mädchen

Der Tod und das Mädchen

Ich schnappe nach Luft, verschrumpelte Lungen.

Richte mich auf der Pritsche auf, Augen zusammengekniffen.

Sein Gesicht im Restlicht der Barackendämmerung.

Kleinerbruderschattenriss. Sollte längst fort sein.

»Aaron!« Es will streng klingen, Großeschwesterautorität, nie kann der Bengel gehorchen, »Aaron, fort!«

Er nähert sich zögernd, tastet nach meiner Hand, tastet nach Worten.

»Fort, Aaron«, krächze ich. Luft! Ich brauche mehr Luft! »Aaron, versteck dich! Sie holen die Kinder!«

Fremd sieht er aus und doch so vertraut, kleiner Bruder, so grau, aschfahl.

»Granny«, sagt er, »Granny, you ... haven't been speaking German since ... then.«

Ich zische: »Versteck dich!«

Er sagt: »Oma, erkennst du mich nicht?«

Rauer Akzent. Seine Finger finden meine Hand, meine Kehle findet die Luft nicht, mein Kiefer schnappt ins Leere.

»Aaron ...«

»Oma«, sagt Aaron, »Aaron ist gestorben. Dein Bruder ist tot.« Seine Stimme staubt vom Lehmboden, vom stundenlangen Stehen beim Appell.

»Wann?«, krächze ich.

»Vor beinahe achtzig Jahren.« Räuspern, Hüsteln. »Ich bin Jack, dein Enkel. Jack aus New York, erkennst du mich jetzt? Ich komme direkt vom Flughafen, Mum hat mich gestern angerufen, sie sagte, dass du nicht mehr lange ...«

Er bricht ab.

Nicht mehr lange?

Immer schon.

Nie gealtert, als Mädchen schon tot.

Hebe die Hand, vertrocknete Haut, darin eine Nadel und ein Schlauch.

Drehe den Arm, vielleicht brauche ich die Nummer noch.

Drüben.

Um nach Aaron zu fragen.

Keine Luft mehr.

Keine Erlösung.

Christian Linker

Der junge Tag.

Cornelia Schade – Der junge Tag

Der junge Tag

Das Meer braust durch die Dämmerung. Die Wellen schlagen an den Strand, und der Wind lässt die junge Frau die salzigen Meerestropfen schmecken. Sie wirft ihre Schuhe ab und spürt den Sand unter den Füßen. Tränen rollen über ihr Gesicht. Wenn auch der Anlass traurig ist, hat sie sich auf ein paar Tage am Meer gefreut. Sie hatte zwei Wochen Urlaub genommen und wollte Peter, Maries Sohn, ihrem Freund aus Kindertagen, bei der Regelung des Nachlasses zur Seite stehen. Und jetzt?

Fluchtartig hat Trauti die Beerdigungsfeier von Tante Marie verlassen. Das Gehörte hallte wie ein Echo in ihr. »Tante Marie ist nicht Tante Marie, sondern ...« Man hatte sie all die Jahre belogen? Waren deshalb Mutter und Vater nicht angereist? Und sie hatte gedacht, dass ihnen die lange Fahrt zum Meer zu beschwerlich war. Alles Lüge?

Alles Lüge!

Und was ist mit dem Buch? Peter hat es ihr zugesteckt: »Meiner Mutter war es wichtig, dass du es erhältst.«

Auf dem Cover strahlt ihr Maries vertrautes Gesicht entgegen. »Jeder Tag ist ein neuer Tag«, liest sie. »Meine Lebensgeschichte.« Ihre Gedanken wirbeln. Der Strand ist menschenleer.

Trauti verkriecht sich in einem Strandkorb, zieht den Reißverschluss ihrer Jacke bis zum Kragen. Sie erinnert sich an eine Karte von Marie, die sie seit etwa zehn Jahren aufbewahrt, und daran, dass sie sich, seit die Tante fortgezogen war, fest vorgenommen hatte, sie hier am Meer zu besuchen. Ja, das hatte sie wirklich gewollt. 600 Kilometer, das war doch kein Problem für sie. Aber dann war immer wieder etwas dazwischengekommen. Und nun ist es zu spät.

Zu spät vor allem, um all die Fragen zu stellen, die durch Trautis Kopf toben. Zu spät, um Marie in den Arm zu nehmen und ihr zu sagen, was sie fühlt. Sie schluchzt laut auf, sucht in ihrer Jacke nach

Taschentüchern. Wie so oft, findet sie keine. Dabei hatte ihr Marie als Kind immer wieder gesagt: »Geh niemals ohne ein Taschentuch aus dem Haus. Das ist wichtig!« Lachend hatte sie erwidert: »Mach ich, Tante Marie, mach ich!« Jedes Mal denkt sie daran, wenn sie vergeblich danach sucht. Sie lächelt, wischt sich mit dem Zipfel ihrer Jacke übers Gesicht und schließt die schmerzenden Augen.

Bilder reihen sich aneinander – mit weit ausgestreckten Armen fängt Marie die vierjährige Traudi auf und wirbelt sie durch die Luft. Zärtlich streicht sie beim Abschied über das Haar des Kindes. Mit verstellter Stimme liest sie ihr beim Zubettgehen Gruselgeschichten vor. Und am Ende lachen sie gemeinsam. Dann taucht das Bild von Peter auf. Er schwenkt seine Mütze und ruft ihren Namen. Sie sieht, wie er, die Sense über der Schulter, mit den Männern des Dorfes zur Wiese stapft, sich immer wieder nach ihr umschaut und winkt. Er ist der jüngste von den Kindern bei der Mahd, aber schwingt seine Sense wie ein Erwachsener. Bilder vom Bauernhof, auf dem sie aufgewachsen war, füllen ihren Kopf. Peter und sie toben, lachen unbeschwert. Trauti lächelt.

Langsam öffnet sie ihre Augen, holt tief Luft und schlägt Maries Buch auf. Ihr Herz klopft wild. »Für meine Trauti in der Hoffnung, dass sie mir verzeiht. In Liebe.« Sie will das Buch zuschlagen, doch ein Lesezeichen weckte ihre Aufmerksamkeit. Vorsichtig blättert sie vor und beginnt zu lesen:

Sie schauten mich an. Durchdringend. Sie warfen sich gegenseitig Blicke zu. Mir wurde übel. Ich versuchte aufzustehen, doch Theresa, die junge Bäuerin, legte ihre Hand auf meine. Ich spürte einen unangenehmen Druck. »Bleib sitzen, Marie«, sagte sie, sprang auf, nahm ein Glas aus dem Regal, drehte den Hahn am Spülbecken auf, füllte es und reichte mir das Wasser. Dabei strich sie mir über die Schulter. Mein Körper brannte.

Wo war Peter?

Als ob Karl meine Gedanken erraten hatte, sagte der junge Bauer: »Dein Sohn ist sehr fleißig. Du kannst stolz auf ihn sein. Ich habe ihn zu den

Bauern auf die große Wiese geschickt. Er soll lernen, mit der Sense umzugehen.«

»Aber die Arbeit ist zu schwer für ihn!«, rutschte es mir heraus.

»Mach dir keine Sorgen, die Senser passen schon auf. Für Peter wird es
ein Spiel sein«, beschwichtigte Theresa.

»Mit seinen acht Jahren kann er schon kleine Männerarbeiten übernehmen! Du musst ihm nur mehr zutrauen, Marie.« Karls Stimme klang
vertraulich.

In mir regte sich Widerstand: »Er ist noch keine acht, sondern erst sechs und …«

Theresa unterbrach mich: »Schön hast du dir das Zimmer eingerichtet.
Sehr geschmackvoll. Und wenn der Peter jetzt zur Schule kommt, braucht
er ein eigenes Bett. Was meinst du?«

Ich war verwirrt. Was ging hier vor? Als ich vor zwei Jahren, im Okto-
ber 1949, von dem Ortsbürgermeister persönlich hier in der ehemaligen
Futterküche einquartiert worden war, hatten mich die Großbauern ihre
Feindseligkeiten jeden Tag spüren lassen. »Die Umsiedlerin aus dem Osten
mit ihrem Bastard«, hieß es. Seitdem arbeitete ich hier täglich zehn Stunden und mehr. In der ersten Zeit weinte Peter viel, die Gerüche, die Enge,
die kalten Blicke, all das belastete ihn. Doch allmählich hatte ich uns ein
Nest geschaffen. Neben dem Küchenherd stand eine kleine Sitzbank nur
für ihn. Unser gemeinsames Bett war mit einem Blumenvorhang vom
Raum abgetrennt. Aus Stoff- und Wollresten hatte ich ihm ein Kuschel-
kissen genäht. Unter dem Bett stand seine Schatzkiste. Hier versteckte er
alles, was er gefunden hatte und, wie er sagte, »gebrauchen konnte«. In
der Mitte des Raumes stand ein Tisch mit vier Stühlen.

»Was meinst du, Karl?«

Ich wurde aus meinen Gedanken gerissen. Mir wurde übel. Ich sprang
auf. In letzter Sekunde konnte ich nach dem Eimer greifen. »Ich bitte um
Entschuldigung. Es ist mir peinlich, dass Sie …«

»Marie, das muss dir nicht peinlich sein. Wir verstehen das.«

Ich spürte, wie sich Unruhe in mir ausbreitete. Was war hier los? Was
verstanden sie? Was wollten sie? Wieso wagte Karl, hierher zu kommen?

Die junge Bäuerin reichte mir erneut ein Glas Wasser. Ich wehrte ab:
»Entschuldigung. Ich muss in den Stall. Es ist Zeit.«

»Musst du nicht. Du musst dich schonen. Du bist schwanger und musst auf dich aufpassen!« Theresa führte mich wieder zum Tisch und presste ihre Hand auf meine linke Schulter.

Ich spürte die Härte des Küchenstuhls. Mir rollten Tränen übers Gesicht. Mit aller Kraft versuchte ich, mein Schluchzen zu unterdrücken. ›Reiß dich zusammen! Reiß dich zusammen!‹ In meinem Kopf drehte sich alles.

Die junge Bäuerin zog ihren Stuhl dicht an mich heran und sagte: »Marie, deshalb sind wir hier. Wir wollen dir helfen. Du gehörst zur Familie! Schau mal, Karl und ich können keine Kinder bekommen. Deshalb dachten wir, wir ziehen dein Kind als unseres auf.«

»Ihr wollt mir mein Kind nehmen?«

Karl sprang auf: »Es ist ja wohl auch meins!«

»Ja, Marie, Karl hat seine Rechte! Und wenn du nicht in Schimpf und Schande aus dem Dorf gejagt werden willst, dann willigst du ein, dass das Kind bei seinem Vater aufwächst!« Theresas Stimme klang auf einmal schrill.

Mit ganzer Kraft umklammerte ich die Tischplatte. Mein Körper bebte. Wie ein Tier war der Bauer über mich hergefallen. Hatte mich ins Stroh geworfen. Keuchte mir was ins Ohr. Hörte nicht auf mein Flehen. Nicht in der Scheune, nicht in der Waschküche, nicht im Obstkeller. Und jetzt wagte er es … Ich verlor das Bewusstsein.

Trauti fühlt die Nässe in ihrem Gesicht und heftiges Stechen in ihrer Brust. Sie blickt von dem Buch auf in die Dunkelheit. Die Wellen des Meeres schäumen. Ein Wolkenzug nimmt dem Mond das Licht. Zitternd zwingt sie sich weiterzulesen:

Als ich wieder zu mir kam, lag ich auf dem Bett. Karl war gegangen, und Theresa hantierte am Herd. »Ein kräftige Hühnersuppe wird dich wieder auf die Beine bringen«, hörte ich sie sagen. Mich überkam ein Weinkrampf. Ich konnte nicht aufhören.

Theresa deckte mich zu. Ihr Streicheln brannte auf meinem Körper. »Marie, noch weiß niemand, dass du schwanger bist. Das muss auch keiner erfahren. Du bleibst hier und schonst dich. Und ich täusche meine Schwangerschaft vor. Bei der Entbindung helfen wir dir, meine Schwiegermutter und ich. Der Pfarrer wird die Geburt auf mich und Karl eintragen. Du bleibst hier wohnen und wirst als Amme und Kindermädchen eingestellt. Für die Stallarbeiten suchen wir jemanden. Das ist doch für alle gut! – Es weiß doch noch niemand von der Schwangerschaft? Marie?«

Ich schüttelte den Kopf. Natürlich hatte ich noch mit niemandem darüber gesprochen.

»Doktor Klein. Ich war in Straubingen bei Doktor Klein«, presste ich heraus.

Als mir der Doktor meine Vermutung bestätigte, war für mich eine Welt zusammengebrochen. Was sollte ich tun? Man würde mich fortjagen. Und wieder wäre ich auf der Flucht, auf der Suche nach einem Zuhause. Dieses Mal mit zwei Kindern. Wie sollte ich das schaffen?

»Der Arzt hat Schweigepflicht!« Theresa stellte zwei Teller mit Hühnersuppe auf den Tisch, half mir hoch und nötigte mich zu essen. Schweigend löffelten wir.

»Karl wird dich nicht mehr anfassen, das verspreche ich dir!«

Theresa schaute mir in die Augen, und plötzlich spürte ich eine Verbundenheit. »Und ich darf wirklich Amme und Kindermädchen sein?« Brüchig kamen mir die Worte über die Lippen.

Theresas Augen leuchteten: »Ja, Marie ja. Wir machen einen Vertrag!«

»Einen Vertrag? Aber ich kann doch nicht …«

»Einen Arbeitsvertrag. Ich meine einen Arbeitsvertrag.« Theresa packte meine Hand und zwang mich, ihr in die Augen zu schauen. »Marie, schenk Karl das Kind, und wir werden eine Familie sein. Alles wird gut.«

Mein Kopf war leer.

»Karl hat versprochen, dass der Geräteschuppen neben deinem Zimmer ausgebaut wird. Für Peter«, setzte Theresa ihren Redeschwall fort. »Der Junge bekommt sein eigenes Bett, sein eigenes Zimmer. Und hier«, sie *zeigte auf die Wand neben dem Herd, »machen wir einen Durchbruch, eine Tür! Was sagst du, Marie?«*

»Der Peter wird sich freuen.« Meine Stimme war mir fremd. Etwas in mir war zerbrochen.

»Danke. Danke, Marie! Schlaf jetzt ein wenig.« Die junge Bäuerin ging zur Tür. Drehte sich noch einmal um und sagte: »Ich bringe euch heute Abend frisches Brot und Wurst vorbei. Peter wird hungrig sein.«

Voller Wucht schlägt Trauti das Buch zu, zieht die Kapuze über den Kopf und presst sich tiefer in die Ecke des Strandkorbes. Im gleichmäßigen Takt schiebt sich das Meer an den Strand, legt Mitgeschwemmtes ab und zieht sich wieder in die unendliche Ferne zurück. Der Mond schaut dem Treiben gelassen zu.

»Trauti! Trauti!«

Sie schreckt auf. War sie eingeschlafen? Rief jemand ihren Namen, oder hatte sie geträumt?

»Hier bist du! Ich habe jeden Strandkorb nach dir abgesucht! Sag mal, frierst du nicht?« Ohne auf Antwort zu warten, zieht Peter eine Decke aus seinem Rucksack. Widerstandslos lässt sie sich einwickeln. »Rück mal ein Stück!« Peter presst sich neben sie, holt eine Thermosflasche hervor, gießt heißen Tee in den Becher und reicht ihn Trauti. Vorsichtig löst er das Buch aus ihrer Umklammerung. »Du musst dich jetzt erst einmal aufwärmen.« Auf ihren fragenden Blick hin erklärt er: »Ich konnte nicht schlafen. Als du um Mitternacht noch immer nicht zurück warst, dachte ich, ich bringe dir heißen Tee und eine Decke.« Er schaut sie an, streicht ihr eine Locke aus dem Gesicht und lächelt, als er hinzufügt: »Mein kleines Schwesterchen.«

Tränen rollen über ihr Gesicht. Als er ihr ein Taschentuch reicht, muss sie plötzlich lachen. Ein Lichtstrahl erhellt den Horizont.

Und ein junger Tag bricht an.

Cornelia Schade

Andreas Miller – Die Blechdose

Die Blechdose

Die alte Brotdose aus Emaille wird mir von hinten angereicht. Sie ist auf der Oberseite leicht verbeult, die Kanten an den Scharnieren sind von der häufigen Benutzung aufgeplatzt und haben Rost angesetzt. Ich klappe sie auf und nehme einen Stapel alter Postkarten heraus. Grußsendungen mit Kunstmotiven.

In einer Sarotti-Blechdose, viereckig und buntbedruckt, in der früher süße Pralinen verpackt waren, lagen sie. Ich hatte sie aufbewahrt. Im Ikea-Regal auf dem obersten Boden ganz nach hinten geschoben. Die Liebesbriefe, meist auf weißem, unliniertem Blatt und manchmal auf Büttenpapier geschrieben. Gelegentlich hatte sie auch auf blauen, rascheligen Luftpostbögen, hauchdünn und zerbrechlich wie kein anderes Blatt, geantwortet. Postkarten hatte sie mir nie geschickt.

»In der Kollektion findet ihr ausschließlich Motive, auf denen Sensen abgebildet sind«, sagt der Coach der Schreibwerkstatt. Er hat mit dem Leiter des Archivs einen Handel ausgemacht. Geschichten über geschliffene Klingen als Gegenleistung zu den Räumen, die uns das Museum für den Kurs zur Verfügung stellt. Als Lohn winkt den kurzweiligsten Erzählungen eine Lesung in der alten Fabrik aus Ziegelstein, die früher einmal Sensen und Sicheln hergestellt hat.

»Sucht euch eine Karte aus und schreibt was dazu. Lyrik oder Kurzgeschichte. Ganz egal«, sagt er.

Ich war siebzehn, als ich, aus dem Italien-Urlaub zurückgekehrt, ihren ersten Brief erhielt. Weil ich als zweite Fremdsprache Latein gewählt hatte, schrieb sie mir auf Englisch. Immer wieder musste ich im gelben Langenscheidt-Universal-Wörterbuch nachschlagen. Jedes Wort legte ich auf die Waagschale.

Ganz oben auf meinem Stapel liegt eine mit der Zeit ergraute Gruß-karte, auf deren Rückseite ich einen Adressaten und einen kurzen Text finde. Die Schrift ist so verblichen, dass ich kein Wort entziffern kann. Auch mit der Lupe, die mir meine Nachbarin anbietet, ist es zwecklos. Ich lege die Karte zurück auf den Stapel.

Am folgenden Tag antwortete ich ihr. Formulierte vorsichtig, machte erste verliebte Andeutungen. Jeden Tag hoffte ich auf Antwort, aber das Warten zog sich in die Länge. Dann kam der zweite Brief, viel länger als der erste, in dem sie mehr von sich erzählte, von dem, was sie in der Schule und im Elternhaus erlebte. Eine getrocknete zartrosa Blüte hatte sie unter dem Gruß mit einem Tesafilm befestigt. Ich wagte nicht, das kleine Windröschen vom Blatt zu lösen.

Auf der zweiten Postkarte finde ich einen Schnitter abgebildet. Er hat eine Sense geschultert. Die Magd trägt ein Bündel Stroh unter dem Arm. Sie laufen nebeneinanderher und schauen sinnend auf den Boden, bemerken gar nicht, dass die Abendsonne den Horizont in eine friedvolle Szenerie verwandelt hat. *Harvest Home* steht in beiger Farbe und großen Buchstaben unten am Rand. Ein Schauer zieht über meinen Rücken. Ich lege die Karte schnell zur Seite.

Später endeten ihre Briefe oft mit einem Gedicht, das mir Silvio von der Theater-AG aus dem Italienischen übersetzen musste.

Kirschmund du,
La tua bocca è come una ciliegia
hold und süß,
dolce e graziosa,
neigst die Lippen auf die meinen,
e la avvicini alla mia
gibst mir einen Kuss.
che con un bacio la tocca.

Mund und Wangen sind verzückt,
Risplende il mio viso, e le mie labbra
suchen flehend deine Lippen,
cercano la tua bocca fuggente,
fühlen sie von Neuem nahen,
infiammate per sentirti vicino,
sind beglückt bei jedem zärtlichen Verlangen.
felici per ogni tuo dolce desiderio.

Gott, war ich verliebt!

Eine vom Format sehr ungewöhnliche Karte mit fast ovalen Umrissen liegt als Nächste obenauf. Beim näheren Hinschauen sehe ich, dass sie an nahezu allen Seiten abgeknickt ist, als wenn sie durch unzählige Hände geglitten sei und beim Weiterreichen einen Teil ihrer Kanten eingebüßt habe. Aber niemand hat gewagt, sie wegzuwerfen, bis sie schließlich in der Brotdose aus Emaille im Archiv des Museums gelandet ist.

Um die kostbaren Zeilen von ihr aufzubewahren, nahm ich die alte buntbedruckte Sarotti-Blechkiste *Feinste Pralinés*, die mir meine Mutter zum fünfzehnten Geburtstag in die Hand gedrückt hatte. Chronologisch sortiert lagen sie dort übereinander, und mit jedem Brief wuchs der Stapel. Als der Deckel sich zu wölben begann, nahm ich ein Einmachgummi, um den Verschluss zu verstärken.

Vor mir rücken einige ihre Stühle zurecht. Die anfängliche Neugierde schwindet langsam. Aber der Stoß Postkarten vor mir ist fast noch genauso hoch wie zu Beginn der Doppelstunde.

»Hab ihr schon was gefunden, was euch inspirieren könnte?«, fragt der Kursleiter.

Einige halten Karten in die Höhe und nicken. Ich wende mich wieder meinem Stapel zu.

Irgendwann wurden die Abstände zwischen den Briefen länger und das, was wir berichteten, kürzer. Bis der Briefverkehr ganz zum Erliegen kam, als sie und ich die Schule abschlossen und zum Studium wegzogen, jeder in eine neue Umgebung wechselte. Bald hatten wir uns aus den Augen verloren.

Ich sollte sie endlich wegwerfen, hatte meine Dauerverlobte gesagt und auf die Blechkiste gezeigt, aber ich konnte nicht. ›Wer einmal in meinem Leben war, der gehört dazu. Ich will keinen verlieren‹, hatte ich bei einem Lesevortrag aufgeschnappt und war wie vom Donner gerührt.

Auf Dienstreise war ich, als sie beim Putzen auf die buntbedruckte Sarotti-Blechdose ganz oben auf dem Regal stieß, und sie entdeckte die Liebesbriefe, die ich dort vor ihrem Blick verborgen und aufbewahrt hatte. Sie brachte die Dose und das Bündel Papier, das mit einer verblassten hellblauen Schleife zusammengehalten war, mit dem Rad unwiederbringlich zur Abfallverwertungsanstalt. Sie gestand es, als sie ich zur Rede stellte, weil ich beim Umräumen in der Rumpelkammer den Verlust auf dem Ikea-Regal bemerkte.

»Ich habe sie entsorgt. Ein Staubfänger«, sagte sie mit bebender Stimme.

Es war der Anfang vom Ende.

»Die ausgewählte Kunstkarte dürft ihr behalten. Das Museum löst das Archiv auf. Die Dokumentensammlung platzt aus allen Nähten«, ermunterte uns der Kursleiter, als die beiden Lehrstunden zur Neige gingen und alle ihre Schreibsachen zusammenpackten.

Ich reiche die alte Brotdose aus Emaille nach hinten weiter. Habe mir keine Postkarte herausgenommen. Die Vorratsdose soll keine verlieren. Nicht wegen mir. Keine einzige!

Andreas Miller

Marion Bendix – Rösser

Rösser

Der Boden bereitet für die Saat
Zu Jahresbeginn die Felder bestellt
Der Frühlingsregen verspricht Ertrag
Das Gras ergrünt für das Vieh

Das Ross des Bauern zog den Pflug

Der Sommer wärmt den Boden, das Grün
Das Vieh gedeiht, bringt Eier und Milch
Die Sense schwingt durch wogende Halme
Der Flegel trennt die Spreu vom Getreide

Das Ross des Ritters steht tänzelnd im Stall

Edles Geblüt streitet um Geld und Macht
Der Bauer wacht auf in der Nacht mit Angst
Nicht sein ist der Streit der adligen Leute
Das Opfer wird dennoch von ihm verlangt

Die Rosse der Recken sind bereitet zum Kampf

Heu trocknet im Felde, im Lager das Korn
Die Krieger stürmen zu Pferd in den Kampf
Bauern gehetzt in die blutige Schlacht
Kanonen donnern Nacht und Tag

Die Rosse, sie stürmen mit tosendem Klang

Gegner schreien, Hieb folgt auf Hieb
Das Fußvolk fällt wie Getreide gemäht
Freund und Feind erkennen sich nicht
Kanonen zerschmettern ohne Wahl

Die Rosse beißen und trampeln im Wahn

Der Tod hält Ernte, über Felder tobt Krieg
wo vorher noch Leben und Zukunft erträumt
Das Vieh wird geschlachtet, vernichtet, verspeist
Vom Frühling nur Erinnerung bleibt

Die Rösser des Krieges zerstören den Traum

Vorbei ist der Spuk, es erntet der Tod
Er sammelt Land und edles Volk
Frucht und Vieh verrotten im Schlamm
Vergebens die Suche nach Leben im Feld

Die Rösser des Todes haben alles zerstampft

Das Feld ist verbrannt, so bald wächst dort nichts mehr
Ein rasender Sturm zog über das Land
Vergebens wartet auf Regen die Welt
Die blutige Ernte ernährt kein Volk

Das Ross bleibt einsam und hungrig zurück

Marion Bendix

Erich Lamm
gem.

Hans Schmitz – Das letzte Feld

Das letzte Feld

Hoch über ihm tirilierte eine Lerche. Er kniff die Augen zusammen, hörte sie zwar, sah sie aber nicht, zu hoch war sie im Himmel unterwegs. Er sog den Duft des frisch gemähten Grases ein, ließ sich ächzend auf dem Findling nieder, stützte sich dabei auf den Sensenstiel. Sein Lieblingsplatz, solange er denken konnte. Als Kind hatte er gestaunt, wie der Felsbrocken an diesen Platz geraten war. Niemand hatte es erklären können, er war schon immer da gewesen. Behutsam legte er die Sense zu Boden, zog ein kariertes Tuch aus der Tasche der groben Arbeitshose und wischte sich den Schweiß von der Stirn. Lächelnd nahm er sein Werk in Augenschein. Diese Wiese am Kamm des Hügels hob er sich immer bis zum Schluss auf – auch in diesem Jahr. Nachher würde sein Ältester kommen, um das Gras aufzubocken – gutes Futter für die Kühe.

Auf einmal wieder diese Schmerzen – wie Messerstiche. Er griff sich an die Brust und atmete tief durch, was ein wenig Linderung brachte. Auch Arme und Rücken plagten ihn, die anstrengende Arbeit forderte ihren Tribut. Langsam ließ der Schmerz nach, ruhig atmete er weiter.

Seine Söhne hatten ihm verbieten wollen, die Wiese zu mähen. Er sei zu alt und gebrechlich. Wortlos hatte er die Sense gegriffen und sich auf den Weg gemacht.

Nun blickte er ins Tal, über die Felder der Nachbarn hinweg zum Wäldchen, dessen Bäume sich langsam im Wind wiegten. Ein Spaziergänger trat eben aus dem Gehölz und bewegte sich den Talweg entlang.

Alte Erinnerungen kamen auf. Hier hatte er seinen Söhnen beigebracht, mit der Sense umzugehen. Mittags war Marie mit dem Essen gekommen und blieb meist für eine Weile. Zu dritt ruhten sie sich von der harten Arbeit aus, sie setzte sich dazu. Erzählte ihnen die Neuigkeiten aus dem Dorf, sah den Jungs dabei zu, wie sie die mitgebrachten

Brote verschlangen. Er sah sie vor sich, wie sie den beiden die Haare aus dem Gesicht strich und sie an sich drückte. Sah die Jungs, wie sie im frisch geschnittenen Gras herumbalgten. Marie lehnte ihren Kopf an seine Schulter. Sie betrachteten ihre Söhne, waren ganz bei sich, ohne dass es zwischen ihnen der Worte bedurft hätte. Auch Jahre später, als sie bereits Großeltern waren und die Enkel ihn bei der Mahd begleiteten, trafen sie sich immer wieder an diesem Platz. Oft kamen sie auch zu zweit hierher, um den gemeinsamen Blick ins Tal zu genießen, dem Summen der Bienen und dem Gesang der Vögel zu lauschen, die Milane im Flug zu beobachten.

Seufzend richtete er den Blick gen Himmel und hielt erneut nach der Lerche Ausschau. Marie war letzten Sommer von ihm gegangen. Nun war er allein und krank, in regelmäßigen Abständen suchten ihn die Schmerzen heim, und nicht immer ließen sie sich wegatmen.

Erneut ging sein Blick ins Tal. Die Gestalt war auf dem Weg zum Hügel, sie hatte den schmalen Pfad betreten, der zu seiner Wiese führte. Wer war es? Sein Ältester? Den Mantel, der die Person umhüllte, kannte er nicht. Irgendetwas hatte der einsame Spaziergänger geschultert, in dem das Sonnenlicht reflektierte, grell blitzte es zu ihm herüber. War es überhaupt ein Mann? Was hätte er dafür gegeben, wenn es Marie gewesen wäre.

Er schluckte und blinzelte in die Sonne. Das war keiner aus dem Dorf. Sein ganzes Leben hatte er in dieser Gemeinschaft verbracht. Als Kleinbauern hatten sie alle mit der gleichen Situation zu kämpfen. Trotzdem unterstützten sie sich gegenseitig. Aber seit Maries Tod interessierte ihn das alles nicht mehr.

Die Gestalt kam näher. Jetzt erkannte er, dass das Metall, in dem sich die Sonne gespiegelt hatte, eine Sense war. Er schüttelte den Kopf. Hatten seine Söhne jemanden geschickt, ihm zu helfen? Lieber sollten sie kommen, um das Gras aufzubocken.

Die Lerche war verstummt, kein Lüftchen regte sich. Schritt für

Schritt näherte sich der Fremde, gleich würde sich klären, wer ihn hier aufsuchte und warum.

Nun war die Gestalt nur noch wenige Schritte entfernt. Auf einmal erkannte er, wer es war. Dass er darauf nicht schon früher gekommen war!

Der Besucher trat neben ihn und blickte ins Tal. »Schön ist es hier. Ruhig und friedlich.«

»Ich hatte dich früher erwartet.«

»Gemach, mein Freund. Darf ich mich setzen?«

Er rückte zur Seite, um dem Ankömmling Platz zu machen.

Der ließ sich nieder und seine Sense behutsam neben die andere auf den Boden sinken.

Ein kühler, knöcherner Arm legte sich auf seine Schulter.

Er erstarrte, wandte sich ein wenig ab, ließ es aber geschehen.

»Du hast die Wiese allein gemäht?«

»Warum sollte ich es nicht tun?«

»Du bist krank.«

»Solange ich lebe, mähe ich diese Wiese.«

»Hast du dir nicht Ruhe verdient?«

»Wenn ich zur Ruhe komme, denke ich an Marie.«

»Und deine Söhne?«

»Haben ihre eigenen Familien. Es sind rechtschaffene Burschen, aber ich falle ihnen doch nur zur Last.«

»Und die Schmerzen?«

»Was soll ich machen?«

Noch immer lag die kalte Hand auf seiner Schulter. Er wandte sich dem Besucher zu, blickte in das knochige Gesicht, seufzte und sank in sich zusammen.

Gemeinsam blickten sie übers Tal. Einige Wolken, die zuvor die Sonne verdunkelt hatten, waren weitergezogen. Die Lerche hatte erneut ihren Gesang aufgenommen, auch der Wind wehte wieder und spielte mit dem geschnittenen Gras. Eine Weile saßen sie so da, dann ergriff der Besucher das Wort: »Lass uns gehen.«

Er nickte und erhob sich mühsam. Sie gingen ein paar Schritte. Er drehte sich noch einmal zu dem Findling um. Sein Blick fiel auf das vertraute Werkzeug. Er zuckte zusammen.

»Meine Sense!«

»Die brauchst du nicht mehr, komm!«

Er seufzte erneut, nickte und wendete sich wieder dem Weg zu, eng an der Seite seines Begleiters. Schritt für Schritt verließen sie den Hügel und gingen ins Tal hinab.

Auf dem Hügel der Duft von frisch gemähtem Gras und mitten im Schnitt die Sense, die alle an ihn erinnern würde.

Hans Schmitz

Eins noch, aber dann ist Sense!

Oh, schon so spät?

Michaela Gawlick – Jetzt ist Sense

Jetzt ist Sense!

Fred traute seinen Augen nicht. Die pelzige Parade zog sich von dem Hang, auf dem er stand, bis zur dicken Eiche hin. Fünf Feldmäuse wuselten durcheinander, ein Hasenpaar suchte auf den Hinterläufen stehend nach bekannten Gesichtern, dahinter vier quirlige Eichhörnchen. Das würde locker für drei Tage reichen. Fred lief der Speichel im Maul zusammen.

»Bleib cool. Heute geht es um etwas anderes«, ermahnte er sich.

Der Vollmond beleuchtete Freds Kutte aus dunkelblauem Samt und tauchte die Sense in ein milchiges Licht. Die lässig um den Stiel gewickelten Totenschädel grinsten. Mit glühenden Augen fixierte der Fuchs den Kaninchen-Clan am Kopf der Warteschlange.

»Halt Jungs. Eins noch, aber dann ist Sense! Ihr seht ja, was hier los ist. Da hättet ihr früher kommen müssen.«

»Oh, schon so spät? F-Fred, d-das ist ab-ber kein T-rick, oder?« Tim zitterte wie Espenlaub, verabschiedete sich von seinen Brüdern.

Fred legte ihm die rechte Tatze in den Nacken, spürte das weiche Fell unter seiner Pfote. Er strich sanft über den Kaninchenrücken, stellte sich vor, wie die Knöchlein nachgaben.

»Kumpel, entspann dich. Wir müssen jetzt zusammenhalten.« Er schob Tim Richtung Fuchsbau.

Das Kaninchen legte die Löffel an und schlüpfte durch das Erdloch. Wie zuhause. Nur eine Spur größer.

Immer tiefer kroch Tim in die dunklen Gänge, die kein Ende zu nehmen schienen. Er murmelte das Mantra vor sich hin, das seine Mutter ihm für solche Situationen mit auf den Weg gegeben hatte. »Du bist kein Angst-Kaninchen. Du bist kein Angst-Kaninchen.«

Seine Mutter hatte ihm erzählt, dass Ihresgleichen manchmal mit Füchsen in einer Wohngemeinschaft lebten und der Fuchs ihnen kein Haar krümmte. Zumindest rund um den Bau. Tim war sich nicht sicher, wie Fred zum Konzept Burgfrieden stand. Nach der dritten Abbiegung hörte er Stimmen.

Andere Tiere! Lebende Tiere! Er stieß einen Seufzer aus.

Im Hauptkessel nahm die Füchsin ihn in Empfang.

»Hallo, ich bin Mia. Schön, dass du da bist. Wir warten noch, bis alle drin sind. Such dir einen Platz und nimm dir was zu essen.«

Tim schaute in die gespannten Gesichter an dem runden Tisch. Neben dem Iltis war etwas frei. – Nein, danke. Er zog die Nase kraus, hüpfte schnell weiter. Auf dem Buffet, das Mia auf einem Baumstamm aufgebaut hatte, lag ein Bündel Möhren. Tim griff zu, dankbar für die Stärkung.

»Gibt es keinen Mett-Igel?«, rief der Marder und grinste listig.

»Sehr witzig«, brummte es hinter Tim.

Er zog die Hinterläufe weg, um dem stacheligen Gesellen nicht zu nahe zu kommen. Ließ sich neben dem Dachs nieder, der ihm aufmunternd zunickte.

Mittlerweile waren fast alle Plätze besetzt, die Luft im Fuchsbau zum Schneiden dick.

Fred betrat den Raum. Ein Raunen ging durch die Menge.

»Liebe Freunde, wie ich sehe, hat der Waldfunk funktioniert. Danke, dass ihr alle gekommen seid.« Der Fuchs deutete auf seine Sense. »Es geht um Leben und Tod! Seit Jahren machen sich die Menschen immer breiter. Sie roden Wälder, bauen Städte, verbrauchen Holz, Kohle, Erdöl, als gäbe es kein Morgen. Mia und ich haben auf Fox dieses Mädchen aus Schweden gesehen.«

»Die mit den Zöpfen? Gretel? Die immer so streng guckt?«, rief der Dachs und kniff die Augen zusammen.

Die Eichhörnchen kicherten, der Marder lachte und hob den rechten Daumen in die Höhe.

Fred klopfte mit der Tatze auf den Tisch, öffnete das Maul und ließ die Reißzähne aufblitzen. »Ruhe, Leute! Jetzt mal ernsthaft. Wir wollen auch was unternehmen. Für unsere Jungs! Für eure Kinder! Wir müssen den Menschen einen Denkzettel verpassen. Deswegen haben wir euch hergerufen. Zusammen können wir es schaffen.«

Lächelnd nahm Fred den donnernden Applaus entgegen. Das ging runter wie Öl.

»Wir könnten auch streiken«, fiepte die Maus.

»Und freitags nicht in die Häschenschule gehen oder was?«, rief der Dachs und rollte mit den Augen.

Mia beobachtete ein Eichhörnchen, das konzentriert auf einer Haselnuss kaute. Die Füchsin sprang von ihrem Stuhl auf. »Ich hab's! Wir nagen die Kabel an und legen den Menschen die Maschinen lahm. Die machen sich doch in die Hose, wenn ihre Computer nicht funktionieren. Wir drehen denen den Saft ab und stellen unsere Forderungen«. Die Füchsin lehnte sich zurück, blickte gespannt in die Runde.

»Ist das nicht Erpres ...?«, hob die Maus an, doch der Dachs legte ihr die Pfote auf das Schnäuzchen.

»Super Idee, Mia!« Die Tiere trommelten auf Holz.

»Du bist echt ein Fuchs. Ich bin stolz auf dich!«, raunte Fred seiner Frau zu.

»Woher wissen wir denn, wo die Leitungen liegen?«, schaltete sich der Hase ein.

»Ich höre mich mal um. Hab da meine Leute.« Der Maulwurf blinzelte den anderen zu.

»Prima, Kalle, und wer nagt sich durch die Leitungen?« Fred war aufgesprungen, seine Ohren ragten durch die Schlitze in der Kutte steil nach oben.

Die Pfoten der Eichhörnchen schnellten in die Höhe. »Wir, wir, wir!«

»Sorry, Freunde, da muss ein Profi ran«, keckerte der Marder. »Erinnert ihr euch an den Teilchenbeschleuniger, der in Genf lahmgelegt wurde? Schwere elektrische Störung. Ging durch die Presse. ›Die Weltmaschine hat den Geist aufgegeben.‹ Mein Onkel Léon hat das Ding geknackt. 6.600 Volt. Bäm! Léon hat die Aktion nicht überlebt. Ich muss das jetzt machen. Das sind wir Marder ihm schuldig.«

»Respekt, Max, na klar, du machst das. Unser Plan steht. Darauf gebe ich eine Runde!« Mit einem Tablett Altbier läutete Fred den gemütlichen Teil des Abends ein. Mia gähnte, als gegen ein Uhr der letzte Hase im leichten Zickzack aus dem Fuchsbau hoppelte.

Drei Wochen später. Frankfurt, 9 Uhr.

Sebastian Feldmann sitzt an seinem Schreibtisch im großen Handelssaal. An der Wand hinter ihm klickt es. Im Sekundentakt werden die Dax-Werte aktualisiert. Das Geräusch nimmt er nicht mehr wahr, Feldmann ist seit 20 Jahren im Geschäft. Seine Augen fliegen wie Pingpongbälle zwischen den sechs Bildschirmen hin und her. Käufer werden auf der rechten Seite der Computermaske in Grün angezeigt, Verkäufer links in Rosa. Feldmann arbeitet die Kauforder ab, der Countdown läuft. 200.000 Euro stehen auf dem Spiel. Jetzt! Der Börsenmakler drückt zur Bestätigung die F3-Taste.

Nichts.

Neuer Versuch.

Wieder nichts.

Schweißperlen sammeln sich unter seinen Achseln.

Der Bildschirm flackert kurz, wird schwarz.

Wie eine Schlinge zieht sich Feldmanns fein gemusterte Krawatte um seinen Hals.

Michaela Gawlick

Florian Penven – Der Späher und die Wilde Jagd

Der Späher und die Wilde Jagd

»der christliche gott hat sie sich nicht angeeignet,
darum verfallen sie dem alten heidnischen.«

Jacob Grimm, Deutsche Mythologien Band II; S. 872, Z. 7-9

In den alten Tagen, als das stille Volk noch unter uns weilte, anders als jetzt in dieser ungläubigen Zeit, und die Seemänner noch von Nixen und Seeschlangen sprachen, da ritt um die Raunächte herum die Wilde Jagd, ein Heer von übernatürlichen Kriegern und höllischen Hunden, die mit dem Sturm eilten und jene mitrissen, die nicht geschwind genug den Weg freigaben oder närrisch genug waren, ihre Aufmerksamkeit zu wecken. Vornweg ritt Wotan selbst, ein vermummter Reiter auf einem imposanten weißen Ross.

Viel gibt es zu erzählen über die Wilde Jagd und sei es auch nur über einen Bauersmann, der nach einer besonders stürmischen Nacht die Felder zertrampelt oder das Vieh geschlachtet vorfand.

So erzählt man sich zum Beispiel in Thüringen von einer Schar Soldaten, die sich im späten Dezember ihren Weg über die Hörselberge bahnte. Mühsam kämpften sie sich durch die schneebedeckten Wälder, bis sie endlich auf eine Hütte stießen, in der ein altes Weib wohnte. Mit offenen Armen empfing die Frau die vor Kälte zitternden Männer und bot ihnen warme Speisen und Getränke an. Die Männer, erschöpft und ausgehungert vom Wetter und dem langen Marsch, bedankten sich für die Gastfreundschaft, doch schon bald taten sie sich am Wein des Hauses gütig und wurden zusehends unverschämter. Nur einer aus der Gruppe, ein Späher, fühlte sich beschämt durch das Verhalten seiner Kameraden und bat die alte Frau um eine Gegenleistung, die er für sie erledigen könne.

»Viel ist es nicht«, sprach sie. »Hinter meinem Hause, da steht ein

Schuppen, in dem findest du mein Pferd und meine Sense. Das Pferd kannst du füttern und die Sense schleifen, das ist alles was ich verlange.«

Gesagt getan, und der Späher gab dem Pferd, einem prachtvollen Schimmel, Heu, doch als er sich daran machte, die Sense zu schleifen, da erschien einer seiner Kameraden und entriss dem Späher in trunkenem Jux die Sense, sodass dieser sich in beide Handflächen schnitt.

Nachdem der Späher sein Werk vollendet hatte, kehrte er zurück zu der alten Frau.

»Gute Arbeit hast du geleistet«, lobte diese ihn, »und als Dank will ich dir einen Rat und eine Belohnung geben.« So steckte die Frau dem Späher eine Silbermünze in die linke Brusttasche und mahnte ihn, jenen den Weg freizumachen, die es von ihm verlangten.

Die Soldaten brachen am selben Tag wieder auf, immer noch heiter vom Wein, und es war spät in der Nacht, als das Geräusch von Hufschlägen die Nacht erfüllte und eine donnernde Stimme rief: »Midden in den Weg!«

Die trunkenen Soldaten waren sich dessen nicht bewusst, der Späher hingegen, der sich an die Worte des alten Weibes erinnerte, eilte geschwind vom Pfade. Kaum war er hinter einer Eiche verschwunden, stieß vom Himmel herab der Laut eines Jagdhorns, so grausig, dass es dem Späher angst und bange wurde. Darauf teilte sich die Wolkendecke, und ein Heer abertausender schauriger Gestalten ergoss sich aus dem entblößten Nachthimmel und über die übrigen Soldaten wie Blut aus einer klaffenden Wunde. Fast ward es dem Späher schwarz vor Augen, so absurd war dieses Spektakel; mannshohe Mastiffs, so pechfarben wie die Nacht, denen die Flammen der Hölle in Augen und Rachen loderten und von den Lefzen tropften. Männer und Frauen, Soldaten, Bauern und Mägde, einige von ihnen auf dem Rücken von Pferden, bewaffnet mit allerlei Kriegswerkzeug von Gewehren bis zu einfachen Keulen. Allesamt fielen sie gnadenlos über die überraschten Soldaten her, meuchelten sie, und mit jedem Gefallenen erbebten Himmel und Erde im Einklang der Donnerschläge.

Vorbei war das Gemetzel, so schnell, wie es angehoben hatte, doch als der Späher sich schon sicher glaubte, stieß ein weiterer Reiter vom Himmel hernieder und rief: »Haltet ein! Zwölf zählte ich, doch nur elf sehe ich hier liegen. Wenn er denkt, er könne uns auflauern, hinter dem Baum dort, das Gewehr fest umklammert, so irrt er sich. Wenn er sich der Jagd würdig denkt, dann laufe er in den Wald; lass uns sehen, wer wahrlich der bessere Jäger ist«, rief Wotan und schwang sich auf seinem Ross zurück gen Wolken.

Ohne zu zögern, flüchtete der Späher tiefer in den Wald, versteckt durch Geäst und Blätterwerk, doch wie schnell er auch rannte, immer hörte er das Klappern von Hufen in der Nacht über sich.

Nicht allzu lang war es, da wurde dem Späher bewusst, dass ihn allmählich die Kraft verließ, also fasste er sich ein Herz und schnellte herum, das Gewehr bereit, um seinen Verfolger zu erledigen; doch schoss im selben Moment vom Nachthimmel her ein Speer herab. Anstatt jedoch die Brust des Spähers zu durchbohren, prallte er an der silbernen Münze in des Mannes Brusttasche ab und fiel zu Boden. Schnell versteckte sich der Späher abermals im Dickicht, doch nicht bevor er seine immer noch blutenden Hände an der Speerspitze ab-gewischt hatte, und als Wotan von seinem Pferd herabstieg, um seinen Speer wieder an sich zu nehmen, sah der Späher seine Gelegenheit und feuerte sein Gewehr; er traf Wotan mitten in die Brust, doch anstatt tot umzufallen, wie es ein jeder Mann getan hätte, nahm dieser seinen Speer wieder an sich und spendete dem Späher Beifall. »Vieles kann ich sehen vom Rücken meines Rosses«, rief er, »sei es bei Nacht oder bei Nebel. Noch nie habe ich mein Ziel verfehlt. Gewiss war ich mir, dein Herz durchbohrt zu haben. Hatte ich gar ein falsches Ziel vor Augen?«

»Mein Herr, ihr zieltet richtig«, entgegnete der Späher. »Kein Trick betrog Eure Sinne. Seht an Eurem Speer das Blut und hier, in meinen Händen, die Wunden, die ich erlitt, als ich Euren Speer fing.«

»Wahrlich«, rief Wotan laut, und sein Lachen, dem Bellen eines toll-wütigen Köters nicht unähnlich, ließ dem Soldaten eiskalt ums Herz werden. »Viele sind es, die in meinem Gefolge reiten, doch Ihr seid der erste Jäger, der sich mir ebenbürtig erwies; Ihr sollt Eure gerechte Belohnung erhalten.« So nahm Wotan einen Stein vom Boden und ritzte eine Rune in den Schaft des Gewehres des Spähers, dann fegte die Jagd zurück gen Himmel.

Viel weiß man nicht vom weiteren Schicksal des Spähers, doch erzählt man sich nicht weitab von hier von einem jungen Mann mit einem Gewehr, von dem es heißt, es mache Patronenhülsen zu Gold.

Florian Penven

Regina Schleheck – Gruß von der Seine

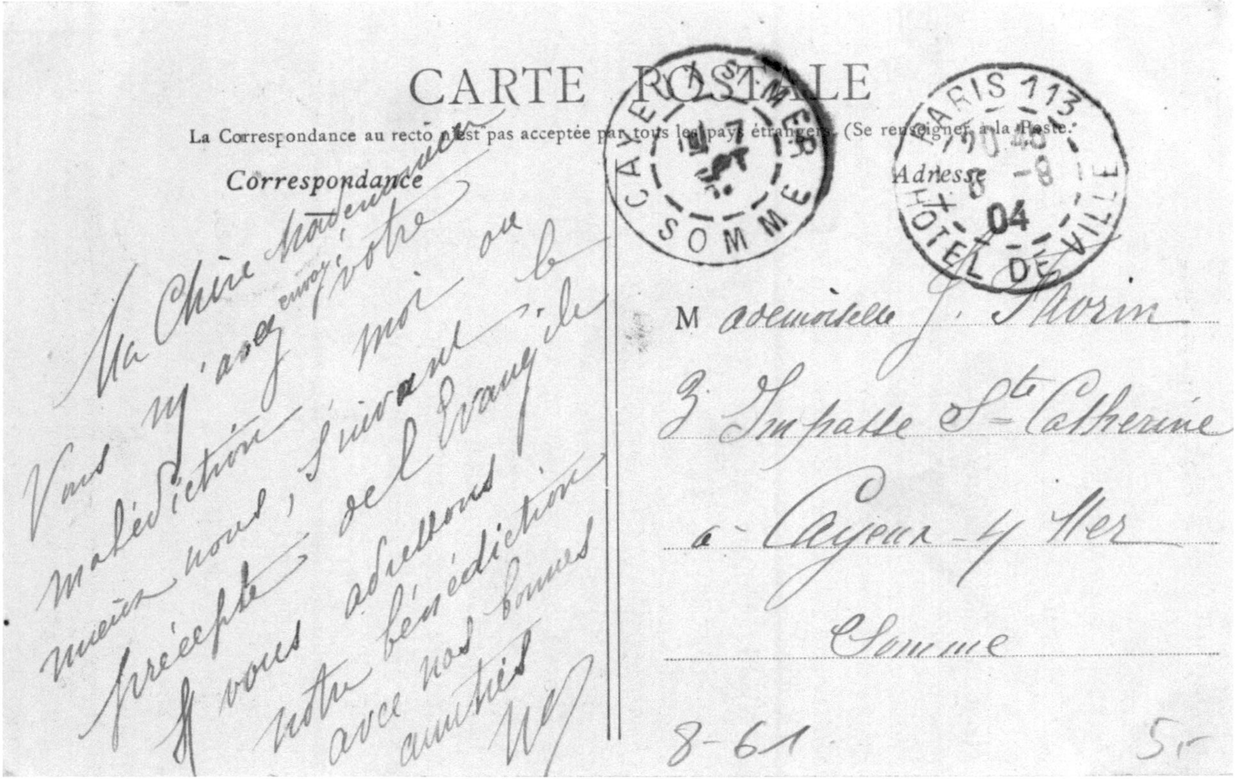
CARTE POSTALE
La Correspondance au recto n'est pas acceptée par tous les pays étrangers. (Se renseigner à la Poste.)
Correspondance
Adresse
M
CAYEUX S MER
SOMME
PARIS 113
HOTEL DE VILLE

Regina Schleheck – Gruß von der Seine

Gruß von der Seine

Wieder hatte sie sich übergeben müssen. Gleich nach dem Aufwachen. Maman und Papa schliefen noch fest, und das Bad lag am Ende des Flurs, sodass sie sie nicht hören konnten. Was aber, wenn die Übelkeit anhielte? Schlimmer würde?

Mamans Blick, als sie Jeanne die Karte vor die Nase gehalten hatte. Die hochgezogene Augenbaue: »Noel! War das nicht einer dieser Landarbeiter?«

Jeanne hatte den Mund zu einem Lächeln verzogen, das die Mutter hoffentlich eingeordnet hatte, wie sie es verstehen sollte. Sie hatte die Post mit spitzen Fingern gefasst, auf dem Absatz kehrtgemacht und war aufs Zimmer geeilt, um sie wieder und wieder zu studieren. Der gallige Geschmack auf der Zunge. Sie hatte die halbe Nacht wachgelegen, war erst, als der Morgen graute, weggedämmert, um unmittelbar darauf von der Übelkeit, die seit Tagen zunahm, aus dem Schlaf gerissen zu werden.

Ins Zimmer zurückgekehrt, sank sie aufs Canapé, tupfte sich mit dem Saum ihres bodenlangen Chemise de Nuit Schweißperlen von der Stirn. Griff erneut nach der Karte. Las das Kleingedruckte. Die Warnung. Die immerhin eindeutig war: »Die Korrespondenz auf der Rückseite wird nicht in allen Ländern akzeptiert.«

Er hatte die Rückseite dennoch beschriftet. Quer über die Überschrift »Ländliche Idylle« hatte er – mit dem Datum vom 6. September 1904 – geschrieben: »Haben Sie noch Zahnschmerzen – und die Karies??«

Das Bild! Der lachende Mann vor den Ähren, die Linke um die Frau gelegt, die den Kopf zur Seite neigte. In der Rechten die überdimensionierte Sense. Seine Sense – Noels Worte! – hatte er, nachdem er sie betrunken und willenlos gemacht hatte, tief in ihren Leib getrieben. Bei dem kurzen Blick, der ihr auf sein Werkzeugt vergönnt gewesen war, hätte sie nicht für möglich gehalten, dass es derart groß wäre.

Das Schlimmste an dem Foto aber war das Lachen der Frau, die dabei eine Reihe fauliger Zähne entblößte. Karies!

Dazu der Text auf der Karte:

»Mein liebes Fräulein,

Sie haben mir Ihren Fluch geschickt, ich, oder besser wir, werden dem Gebot des Evangeliums folgen. Ich sende Ihnen unseren Segen.

Mit den besten Grüßen

Noel«

Der blanke Hohn! Ihr zu empfehlen, sich Gott anzuvertrauen!

Sie konnte nur froh sein, dass er nicht konkreter geworden war. So viel Anstand – oder sollte sie es Bauernschläue nennen? – hatte er immerhin besessen, dass er seine Worte auf einer Postkarte, die nicht nur der Zusteller, sondern natürlich auch ihre Eltern und die Dienstboten lesen konnten, verschlüsselt hatte, ihr Bild aufgreifend, mit dem sie aus eben dem Grund die Botschaft an ihn verbrämt und ihrer Maman ihre Unpässlichkeit erklärt hatte: Zahnschmerzen.

Genau genommen: Welche Wahl hatte sie?

Und er? Was hatte sie erwartet, wie er reagieren würde? Zurückkommen und um ihre Hand anhalten? Damit sie mit ihm nach Paris zöge? Um sich dort in einer der Markthallen, Textilfabriken oder auf dem Strich anzubieten?

Jeanne sprang auf. Warf den wollenen Mantel um, lief barfuß die Treppe zum Erdgeschoss hinunter, schlich an der Küche vorbei, in der die Mägde bereits klapperten, zur Tür, die sie ebenso lautlos öffnete, wie sie sie hinter sich ins Schloss zog, duckte sich in den Schatten der Bäume, rannte, als sie das Tor passiert hatte, die Allee entlang zur Brücke. Der Kies schnitt in die Sohlen – was konnte es ihr ausmachen?

Der Himmel hatte sich rot gefärbt. Als sie auf der Mitte der Überbauung angekommen war, blitzten die ersten Sonnenstrahlen hinter den Feldern auf. Das Wasser tief unter ihr wirkte träge, fast, als riefe der Fluss ihr zu: »Komm! Ich trage dich!« Ihr konnte er nichts vormachen. Sie kannte die Strömung. Kletterte aufs Geländer. Schloss die Augen. Schrie: »Fahr zur Hölle, Noel!«

Sprang geradewegs in die Arme des Sensenmanns.

Zwölf Jahre später hatte er keine Sense. Aber wieder den Duft des Korns in der Nase. Erinnerte sich an weiße Brüste. Was für ein entzückendes Ding! Landadel. Nie hätte er gewagt, an eine wie sie Hand anzulegen, als er für zwei Wochen den Pariser Banlieues entkommen war. Die Ernte an der Somme war Knochenarbeit. Immerhin an der frischen Luft. Schlafen unter freiem Himmel statt in der Gosse.

Sie flanierte mit Sonnenschirm vorbei, nickte ihm zu, als er in der Mittagshitze unter der Eiche eine Pause eingelegt hatte. Er hob die Flasche zum Gruß. Sie musste die Geste missverstanden haben, streckte den Arm aus, und er – überrascht und amüsiert – reichte sie ihr, die sie unverzüglich an den Hals setzte, um sie nach einem gierigen Schluck hustend und keuchend von sich zu halten, als sei es ein bissiges Kaninchen. Offensichtlich kannten die Florins dieser Welt keinen Absinth.

Bald aber ließ sie sich auf ihren täglichen Spaziergängen neben ihm nieder, kostete mit spitzen Lippen, mehrmals, wurde anschmiegsam – bis passierte, was passieren musste.

Die Karte, mit der sie ihm einen Monat nach seiner Rückkehr postlagernd mitteilte, dass sie sich infiziert habe, den verfluche, der sie angesteckt hätte, nicht wisse, wie sie, was ihr Zahnschmerz bereite, ausreißen könne – was sollte es anders sein als ein Ulk, eine Anspielung auf den Absinth?

Noel war mit Humor gesegnet. Hatte in den Auslagen des Bouquinisten am Quai du Louvre nahe der Pont des Arts für einen Sous eine Karte erstanden und zurückgeschrieben. Die Neckerei gleich darauf vergessen.

Er war zurückgekehrt an die Somme. Lag im Schützengräben an der Westfront in Dreck und Schlamm. Erinnerte sich. Schloss die Augen und träumte in nächtlicher Finsternis von warmen Sommertagen und festen Brüsten. Von dem Moment, als er in dem süßen Ding gekommen war und tausend Sterne hinter seinen Lidern explodierten.

Öffnete die Augen. Sah tausend Sterne explodieren.

In dem Bruchteil der Sekunde, bevor es ihn zerriss, blitzte etwas in ihm auf. Ein Begriff, den er auf einer Postkarte gelesen und im Scherz zurückgegeben hatte. Er wollte ihn herausschreien: »Verflucht!« Aber kein Ton kam mehr aus dem weit geöffneten Mund mit den fauligen Zahnstumpen.

Regina Schleheck

Nina Kett – Tödin im Amt

Tödin im Amt

[...] Auch in der Sage spielte der Tod als Sensenmann bes. bei Pestepidemien eine Rolle, manchmal besaß er sogar eine Helferin, die Tödin, die das seiner Sense zum Opfer Gefallene zusammenrechte. Diese Vorstellung ist bis in unser Jahrhundert lebendig geblieben, wie eine erst 1977 veröffentlichte Sage aus Niederbayern erweist: »Zu der Zeit, als das große Sterben war, haben Leute den Tod auf einer Wiese bei Schweinhütt mähen sehen. Sein Weib hat gerecht. Was durch den Rechen fiel, blieb stehen [...].

E. Böck: Sagen aus Niederbayern [Regensburg 1977], S. 258, Nr. 432: ›Der Tod und seine Frau‹

Ein Blick auf den Bildschirmrand: sieben Uhr achtundfünfzig. Die Praktikantin sollte langsam kommen. Dann würden sie schauen, ob Frau Tödin bereits im Flur auf ihr Vermittlungsgespräch wartet. Leise klopft es an der Tür. Benner richtet sein Hemd. Viele der Kollegen laufen herum, als würden sie selbst Leistungen beziehen, haben ihren Traumfänger im Büro hängen und beginnen ihre Sätze mit »Also eigentlich ...«

»Herein!« Er mag den leisen, aber bestimmten Klang seiner Stimme. Das Mädel ist sehr jung, trägt einen billigen, schwarzen Hosenanzug. »Hallo Herr Benner. Ich bin Kristin Krielke, für die Hospitation.«

Er tätschelt die harte Stuhlplatte. »Setz dich Kristin, es kann gleich losgehen.«

Sie schaut zu Boden, kommt hinter den Tisch und nimmt Platz.

Für einen kurzen Moment sieht er ihre Augen. Braune Rehaugen. »Na, die erste Hospitation bei uns im Hause?«

Sie schüttelt den Kopf. »Anfang der Woche war ich in der Eingangszone. Da war immer was los.«

»An der Front also«, schnauft Benner. »Da müssen sie alle mal hin. Und du, junge Frau, lernst am meisten über die Abläufe hier: Problem schildern, Antrag auf ALG II aufnehmen, passende Formulare ausgeben, Kaffee kochen, hehe ...«

Das Mädel fährt fort: »Danach im Integration Point. Aber eigentlich haben die da nur Sprachkurse an die Geflüchteten vermittelt.«

Benners Blick wandert zur Schublade, dann lacht er kurz und freudlos. »Geflüchtete, auch so ein Unwort ... Nun gut, Kristin, du hast Glück, dass du bei einem alten Hasen wie mir gelandet bist. Wie du weißt, haben wir hier im Jobcenter viele Mitarbeiter mit ganz unterschiedlichen Hintergründen: Da gibt es die Juristen, deren Abschluss nicht der Bringer war. Die bewerben sich in der Leistungsabteilung und führen sich auf, als würde jeder Cent, den sie überweisen, tatsächlich ihnen gehören. In der Arbeitsvermittlung findest du die gescheiterten Geisteswissenschaftlerinnen, die mit ihrem Master in Romanistik keinen Job finden. Die Sozialarbeiter, die endlich einmal angemessen bezahlt werden wollen. Und zum Schluss: Der harte Kern, der sein Handwerk tatsächlich in Nürnberg bei der Agentur gelernt hat und die rechtlichen Grundlagen kennt. Er zwinkert. Ist sie zurückgezuckt? »Du wirst sehen, es ist überall das Gleiche.«

»Na, dann gut, dass ich aus Nürnberg komme.«

Benner nickt bestätigend.

»Aber, Herr Benner, sollten wir die erwerbsfähige Leistungsberechtigte«, sie unterbricht sich, »die eLb nicht hereinlassen?«

»Sehr gut, Kristin! Ich sehe, du hast deine Hausaufgaben gemacht. Damit du ernstgenommen wirst, damit du die Dokumentationen überhaupt lesen kannst, musst du die Abkürzungen kennen. Und die Realität: Die Kundin hat heute nichts anderes vor. Sie kann ruhig ein paar Minuten draußen warten, bis wir miteinander warm geworden sind.«

Kristin kramt ihren Notizblock hervor.

Benner schnauft: »Den brauchst du heute nicht. Schau mir einfach über die Schulter. Vorher öffnen wir das Kundenprogramm ... Klick! Mechthild Tödin, Erstgespräch. Hmm ... Hmmm ...« Kristin krallt den Notizblock, als hinge ihr Leben davon ab.

Benner runzelt die Stirn. »Seltsam, hier ist ja kaum etwas erfasst.

Hast du vielleicht die Kundin in der Eingangszone aufgenommen?« Es sollte ein Witz sein, aber Benner merkt gleich, dass Kristin nicht zu Späßen aufgelegt ist. Sie würde schon sehen. Er würde ein souveränes Gespräch abliefern, danach würden sie bei der Mittagspause alles Revue passieren lassen und wer weiß ... vielleicht würde sie ja ein wenig Nachhilfe von ihm wollen?

»Nun, dann hatten die Kollegen wohl wieder einiges zu tun. Apropos: Du kannst wirklich von Glück sagen, dass du die Erstgespräche heute mit mir führst. Eigentlich wäre Anneliese heute dran gewesen, aber die ist wieder mal krank. Schulter, hehe.« Wieso sieht sie ihn nicht an? Ein bisschen Spaß konnte doch sein, zumal sie doch nur diese Woche im Hause sein würde.

»Frau Tödin?« Kristins Stimme durchschneidet die kurze Stille.

Die Kundin steht im Raum und schaut herüber. Aschblondes Haar, ein braunes Kleid, Augen wie ... Benner sieht zu seiner Schublade, dann auf den Bildschirm. »Also, Frau Tödin, das geht so aber nicht! Sie haben ja gar nicht geklopft. Beim nächsten Mal melden Sie sich bitte an!« Er atmet aus, zählt in Gedanken bis fünf, lächelt. »Macht es Ihnen etwas aus, dass meine geschätzte Kollegin Frau Kristin Krisel heute beim Gespräch anwesend sein wird?«

Unmerklich schüttelt Frau Tödin den Kopf. Sie lehnt ihren Rechen an das Bücherregal, wo er neben den Sozialgesetzbüchern, Kommentaren und Zeitschriften ruht. Darunter diverse Flyer: »Zurück in den Job, zurück ins Leben!«, »Mach den Lokführerschein!«, »Bewerbungstraining bei Kassler, und ab geht die Post«.

»Krielke!«, flüstert Kristin. »Ich heiße Krielke.«

»Interessantes ... Arbeitsgerät haben Sie da, Frau Tödin.«

Benner beginnt bereits mit der Kundendokumentation, gleicht die Daten ab. »Wie zu erwarten, Frau Kriemel, schauen Sie: Bei den vermittlungsrelevanten Daten ist noch nichts eingepflegt.« Ein kurzer Blick zum Rechen. »Haben Sie ihren Lebenslauf dabei?«

»Ich laufe durch Leben.«

Frau Tödins Stimme klingt spröde, wie ein welkes Blatt. Vielleicht schon ein Fall für das SGB X. »Mal schauen, ob Sie nicht beim Sozialamt besser … oha, Sie haben keinen festen Wohnsitz? Eine Anschrift kann ich hier nicht finden.«

»Ich reise durch die Welten.«

Süffisant, saftig und süß wie eine reife Frucht. Wie konnte er sich derart in ihrem Alter getäuscht haben? »Nun, wenn Sie den Lebenslauf nicht dabei haben …« Benner streicht sein Hemd erneut glatt. Ist es ihm bei der Reinigung neulich eingelaufen?

»Was haben Sie denn in den letzten Jahren beruflich gemacht?«

»Mit dem Rechen zog ich …«

›Helfer Garten- und Landschaftsbau‹. Benner druckt direkt ein paar Vermittlungsvorschläge. Er kennt die Mindeststandards. Ein VV beim Erstgespräch, besser gleich mehrere.

»… durch die Felder. Habe reiche Ernte gemacht.«

›Helfer Landwirtschaft‹. Noch ein VV.

»Irgendwelche Qualifikationen? Fremdsprachen? Abschlüsse?«

»Ich habe Könige berührt, Bauern geführt. Auf meine Weise begleitet auf ihrer Reise.«

Helfer … Reiseverkehrskauffrau? Er schaut zu Kristin.

Das Mädel krallt sich noch immer an ihrem Block fest und starrt auf die Kundin.

»Hallo, Frau Krisel, hier ist der Bildschirm, vielleicht auch ganz interessant für Sie.«

Kristin reagiert nicht.

Gut. Benner öffnet den obersten Hemdsknopf.

»Na dann, Frau Tödin. Bevor ich Ihnen alles zu »Fördern und Fordern« erkläre und wir einen öffentlich-rechtlichen Vertrag miteinander eingehen, in dem wir gemeinsam festlegen, was Ihre nächsten Ziele sind« – Benner blinzelt ins Leere – »vielleicht ein richtiges Bewerbungstraining, wo Sie mal ein paar nette Bewerbungsfotos machen«, er stockt erneut. Wieso kann er ihr nicht ins Gesicht blicken? »Also,

118

bevor wir mit diesem ganzen Prozedere beginnen, erklären Sie doch mal bitte, was Sie in den letzten Monaten so gemacht haben. Was macht Ihnen Spaß? Was können Sie?«

Ihr Gesicht ist unbeweglich und doch – als würde sich die Wasseroberfläche kräuseln – ändert sich etwas. »Die wenigsten trauen sich, mir in die Augen zu schauen.«

Unschuldig wie ein junges Mädchen. Warum ist sie nicht bei den Kollegen vom U25-Team? Benner ist doch kein Idiot! »Frau Tödin, nun erzählen Sie einfach nur, was ...«, mahnend blickt er in ihre Augen.

Es zieht dich hinab, hinein. Der Lärm hat dich geschluckt. Du weißt, dass es entsetzlich laut ist, aber du hörst nur das Rauschen deines eigenen Blutes. Dein Hemd hängt dir in Fetzen von den Armen. Es ist dir egal. Unter deinen Füßen spürst du gefrorenes Gras und feuchte Wärme. Dein Herz gibt den Takt vor. Mit jedem Wummern schlägst du um dich, schwingst den Knüppel. Dein Arm ist deine Waffe. Für andere Gedanken ist kein Platz mehr. Du arbeitest dich nach vorne. Deine Zunge liegt weich und schlaff im Mund, du schmeckst Metall. Es ist dir egal. Weiter nur, weiter! Mit kräftigen Zügen schwimmst du durch das Menschenmeer. Ihre Münder bewegen sich, du hörst sie nicht. Du hörst den Herzschlag.

Dann endlich siehst du die beiden. Er schwingt die Sense, großgewachsen und elegant. Neben ihm zieht sie die Leiber mit dem Rechen zusammen, unermüdlich. Ihr Gesicht verschwimmt. Eine Alte sieht dich anklagend an, eine schöne Frau zeigt mit dem Finger auf dich, ein junges Mädchen bewegt die Lippen. Ihre Stimme: Ein Dreiklang, rund und voll. »Ihr wollt uns nicht sehen. Habt uns in die hintersten Ecken verbannt, in die Krankenhäuser und Altenheime. Ihr versteckt euch vor uns. Siehst du mich, Benner? Siehst du mich?«

Es schleudert ihn zurück. Benner zittert, reißt die Schublade auf. Schluckt Ritalin. Er öffnet den zweiten Knopf, starrt verloren auf den

Bildschirm. »Entschuldigen Sie, ich musste meine Tabletten nehmen. Konnte mich gerade nicht konzentrieren. Jetzt machen wir aber weiter. Also eigentlich ...« Eins, zwei, drei, vier, fünf. Fahrig tippt er los.

Da erhebt sich das Mädel. Mit weichen Schritten geht sie zu Frau Tödin. Neben ihr ist noch jemand, hochgewachsen, erhabene Haltung, eleganter Umhang. Kristin nimmt beide an die Hände, als wären sie alte Bekannte. Sie verlassen das Büro.

Als wären sie nie dagewesen.

Nina Kett

Alice Gassner pinx.

Marie van Veen – Memento Mori

Memento Mori

»Ich habe doch gesehen, wie du gestorben bist! Warum bist du noch am Leben?«

»Das bin ich nicht.«

Da ist es wieder. Ich war mir so sicher gewesen, dass ich es endlich überstanden hatte. Die schlaflosen Nächte, die Schuldgefühle, die krampfende Leere, die meinen Körper zusammenzieht und implodieren lässt. Nach der ganzen Zeit war ich mir sicher, dass ich endlich mit allem abgeschlossen hatte.

Doch jetzt ist es wieder da.

Ich will dir viele Fragen stellen. Warum bist du hier? Wie konnte das alles passieren? Weshalb gerade jetzt?

Doch ich bleibe stumm und starre dich an. Du bist nicht um einen Tag gealtert, obwohl das alles schon so lange her sein muss. 20 Jahre, 50 Jahre, 100 Jahre, 1000 Jahre.

Zahlen, die keine Rolle mehr spielen.

... Was für ein Schwachsinn. Natürlich spielen sie eine Rolle. Es vergeht kein Tag, an dem ich nicht an dich denke.

Sie alle haben mich mit dem gleichen Blick angeschaut, als sie gingen.

Nur du nicht.

Deinen Blick wollte ich einfangen und wie ein Gemälde verewigen. Wie du mich angeschaut hast. Als wüsstest du, was kommt. Mit einer Mischung aus ... Angst vielleicht? Angst und ... Erleichterung?

Nein.

Oder ... ich ... wenn ich ihn nur noch einmal ganz betrachten könnte!

Mein Gott ... ich habe nicht einmal mehr dein Gesicht vor Augen.

Und jetzt stehst du vor mir. Beinah habe ich einen Moment gebraucht, um mich an dich zu erinnern. Kannst du mir das glauben?

Ich muss so ausgesehen haben wie du. Voller Angst und Erleichterung. Angst vor dir, weil ich mir dich nicht erklären konnte. Erleichterung, weil ich für den Bruchteil eines Moments an mir gezweifelt habe.

Ich konnte vergessen, wie du aussiehst, aber nie, wie du dich anfühlst.

Vor vielen Jahren, als das alles begonnen hatte, bin ich häufig nachts aufgewacht und konnte mich nicht bewegen. Ich lag bloß da und wusste, dass ich wach war. Und dass du da warst. Ich sah deinen Körper, dein Gesicht, ich spürte dein Gewicht auf meiner Brust. Du rochst nach dir und nach Erde. Als würde ich mein Gesicht in ein frisch ausgehobenes Grab drücken und tief einatmen. Dreck in Mund und Nase, so lange, bis ich ersticke.

Reglos lagst du auf mir, so wie ich dich zuletzt in meinen Armen gehalten hatte. Ich wollte dich von mir schubsen und dich an mich drücken.

Ich war überzeugt, dass es Dämonen waren, die mich heimsuchten. Die dich mir auf die Brust legten. Ich hörte ihre langsamen Schritte, so laut wie den Herzschlag in den Ohren. Die Tür öffnete sich. Etwas betrat den Raum, schwarz, schemenhaft.

Manchmal stand es einfach nur da. Für Minuten oder Stunden, das wusste ich nie. Ich fühlte seinen warmen Atem an meinem Ohr, manchmal spürte ich sogar seine feuchten Finger auf dem Gesicht.

Dann kam es auf mich zu.

Ich konnte nie genau erkennen, was es tat. Die Silhouette war verschwommen und zuckte, als würden unsichtbare Hände Fetzen aus ihr reißen. Dann nahm es dich mir fort.

Beim ersten Mal hatte ich Angst, doch mit der Zeit gewöhnte ich mich an die Gesellschaft. Sie waren nicht mehr Dämon als ich.

Jetzt will ich die Hand nach dir ausstrecken, um dich anzufassen, doch ich kann mich nicht rühren.

Es ist schon lange her, seit ich das letzte Mal diesen Wachtraum gehabt habe. Ich balle die Hände zu Fäusten, ich wünsche mir, dass die Knochen brechen.

Könnte ich dich doch noch einmal anfassen. Dich irgendwie zu spüren kriegen. Ich habe dich so lange nicht mehr angefasst.

Niemand hat sich so angefühlt wie du. Deine Haut war anders.

So kalt und glatt wie Glas, gleichzeitig so warm wie Sand an einem Sommerabend. Ich konnte jedes einzelne Haar spüren. Die porenlose Haut deiner Narben. Dich zu berühren, kitzelte.

... Ich ...

Es ist, als ... Ich muss dich wieder anfassen. Ich will mich erinnern, wie sie sich wirklich angefühlt hat. Es ist, als verstünde ich das Konzept der Sensation, dich anzufassen, aber das Gefühl ist ...

Gott ...

Das kann nicht sein ...

Das kann nicht stimmen. All die Jahre war es, als hätte ich dich gestern erst zuletzt gesehen. Alles *an dir* lebte *in mir*.

Wie ... wie kann es ... sein?

Aber wenigstens ...

... höre ich deine Stimme noch klar und deutlich. Diese letzten Worte, die du gesprochen hast.

Diese Stimme. Genau *deine* Stimme.

Niemand hat je so schöne letzte Worte gesagt wie du.

Ich habe viele letzte Worte gehört.

Keine waren je von Relevanz. Bis auf deine.

Deine Schreie donnerten auf mich nieder wie ein Gewitter und elektrisierten mich. Diese drei letzten Worte waren wie ein Haus über mir zusammengebrochen.

Diese ... drei?

Waren es nicht vier gewesen?

»... *Ich* ... *du* ...«

Du ... es waren drei, richtig?

Bitte. Sag sie noch einmal, ich muss sie noch einmal hören.

Endlich. Die Knochen brechen.

Das kannst du nicht machen. Du kannst nicht einfach gehen. Du kannst nicht einfach aus mir verschwinden. Du kannst nicht weg. So wie du vor mir stehst, kann selbst die Zeit dir nichts anhaben, dafür werde ich sorgen.

Es ist mir gleich, wie viele Jahre es her sein mag, dass du gegangen bist. Nichts hat mich jemals davon abgehalten, dich gehen zu lassen.

Von allen Menschen warst du die erste, einzige und letzte Person, bei der ich etwas gefühlt habe.

Zuerst war ich überwältigt, als der Damm brach. Ich wusste anfangs nicht, was es war, bis ich schließlich nachts nicht schlafen konnte und deinen toten Körper sah.

Deine Vergänglichkeit war meine Ewigkeit.

Nach jedem anderen, dessen Gesicht bereits in dem Moment verschwunden war, in dem ich den letzten Schwung getan hatte. Es gab keinen Namen mehr, keine Stimme, keine Existenz.

Es blieb nichts von ihnen zurück. Keine Erinnerung. Keine Stimme, kein Gesicht.

Du warst anders.

Über all die Jahre hinweg habe ich sichergestellt, dass du anders sein würdest.

Als dein Name eines Tages auf meiner Liste erschien, wusste ich, dass es so weit war. Ich war bereit für die Veränderung, die du mir schenken würdest. Nach deinem Ende würde es ein neues Ich geben.

Und so blieb es all die Jahre.

Irgendwann brauchte ich keinen Schlaf mehr. Jede wache Sekunde verbrachte ich mit dem Gedanken an dich. Ich brauchte keine Nahrung mehr, ich brauchte nichts mehr an und in mir. Ich warf diese leblose Hülle ab, in der Hoffnung, dadurch meiner Vergänglichkeit entgehen zu können, sodass du ewig in mir leben würdest.

Wenn ich schon keine Gewalt mehr über mein Leben hatte, dann wenigstens über deins.

Es gab keinen Tod, der mich so sehr befriedigte wie deiner.

Kein Lebewesen dieser Welt hat sich jemals so gut angefühlt wie du.

Jeder Tropfen deiner Existenz, der an meinen Fingern haftete, war ein Festmahl. Jede noch so kleine Faser deines Seins füllte mich mit neuer Kraft. Jede einzelne Sekunde, die ich mich an dir laben durfte, war besser als das Vergehen von tausenden Menschen.

Du gabst mir neue Kraft, mich der Saat des Lebens wieder zu widmen. Und so erntete ich die Felder derer, deren Zeit abgelaufen war, mit dir an meiner Seite. Mit der Erinnerung an dich, als das Einzige, das mir blieb.

Und jetzt ...

...

Und jetzt ...

...

Und was bliebe mir, wenn du nun gehen würdest? Warum darf ich dich wiedersehen, aber nicht zu fassen kriegen? Dich wieder zu berühren, würde mir Kraft für eine weitere Unendlichkeit geben. Warum tust du mir das an?

»Ich bin hier, um Abschied von dir zu nehmen.«

Deine Stimme hallt klanglos in mir wider, ohne Ton und Tiefe.

Dein Gesicht ist Farbe und Form ohne Zusammenhang. Wie eine flackernde Idee, die ich nicht festhalten kann.

»Das hast du bereits getan«, erwidere ich und schaffe es, die Hand nach dir auszustrecken. Doch da ist nichts mehr.

Weder du noch ich.

Ein leerer Schein, wenn alles fließt.
Ein eitler Windhauch ohne Ziel.
So vergeht der Ruhm der Welt.
Und wenn selbst der Tod eines Tages stirbt,
bricht die neue Ewigkeit an.

Marie van Veen

Chráň sa pred úrazom!

Nestavaj sa pri búrke pod stromy.

Frank Weidemann – In der Zahorie

In der Zahorie

Unin

Wo der mächtige Gebirgsbogen der Karpaten, die weit im Süden in der Gegend um das Steinerne Tor beginnen, endet, im Nordwesten, am Rand des Wiener Beckens, liegt die Zahorie. Die Landschaft Zahorie, das Land hinter den Bergen, ist altes Kulturland, aber den meisten von uns, die keine slawischen Wurzeln in ihrem Stammbaum haben, wird sie so vertraut sein wie die Rückseite des Mondes.

Wissen ist Macht, und diese Macht ist heute regelmäßig nur wenige multimediale Endgeräteklicks von unseren Synapsen entfernt. Begibt man sich zum Beispiel auf eine Erkundungstour ins weltweite Netz, um der Frage nachzugehen, was die Worte »Nestavaj sa pri búrke pod stromy« bedeuten, wird man mit etwas Ausdauer und einem Sprachprogramm virtuell in die Slowakei geleitet. Auf einer solchen Tour wird man jedoch auf ganz verlinkte Art und Weise dazu verführt, weiter und weiter zu klicken, zu lesen und zu staunen, was es in Europa zu entdecken gibt. So viele Dinge, Orte und Worte tauchen auf und wollen verstanden werden. Auf höchst wunderliche Weise miteinander verknüpft, erzählen sie Geschichten von diesem und jenem. Was davon wahr ist und was die Synapsen für wahr erklären, verliert dabei an Bedeutung und sucht sich seinen ganz eigenen, nur ihm zustehenden Platz.

Eine dieser Geschichten hat sich vor vielen Jahrzehnten in Unin ereignet. Die wenigen Alten, die damals dabei waren und noch leben, erzählen sonntags immer wieder im Dorfkrug den Wandertouristen und Wiener Tagesgästen von dem, was im Sommer des Jahres 1958 an eben jener Stelle passiert ist, wo heute am Rand der Gemeindefläche der Aussichtsturm »Rozhladna Lipky« einen Blick über die Felder und bewaldeten Hügel der Zahorie bis hin zu den kleinen Karpaten im Südosten ermöglicht.

Drei Freunde

Drei. Die magische Zahl. Ihre Zahl. Sie sind zu dritt, seit Gustav sich erinnern kann. Severin, Klement und er. Drei Jungs aus den Bergen. Genauer gesagt aus einem winziges Nest in der Hohen Tatra. Der Name tut nichts zur Sache. Touristisches Niemandsland, immer noch. Und damals – zum Davonlaufen. Schon im ersten Jahr in der Dorfschule haben sie sich zusammengetan. Haben gespürt, welches Los sie teilen. Nachgeborene, alle drei.

Klement ist das vierte von sechs Geschwistern. Sein ältester Bruder führte bereits den Hof, seit der Vater im Krieg geblieben war.

Severins Leute waren zu zehnt und er das Küken. Keine Chance.

Und bei ihm, Gustav, war es ähnlich. Drei Schwestern, vier Brüder, und nur Marta war jünger als er.

Hunger und Entbehrungen kannten sie alle, vor allem in den späten Winterwochen, wenn die letzte Speckseite angeschnitten war und die Vorräte in der Kammer sich mehr und mehr dem Ende zuneigten. Dies ist das Schicksal der Bergler überall auf der Welt, dass Raum und Ressourcen in den besiedelten Tälern und Hochebenen eng begrenzt sind. Wenn es nicht für alle reicht, müssen die Nachgeborenen weichen. In die großen, fruchtbaren Ebenen. Dorthin, wo Platz für alle ist und die Kammern im Frühjahr noch nicht restlos leer sind. So war es seit jeher Brauch in den Bergen. In vergangenen Jahrhunderten wurden die Karpatenkinder, kaum dass sie das Teenageralter erreicht hatten, von den Dorfälteren aus den Bergen herausgeführt und über Vermittler in den Ebenen als billige Arbeitskräfte in die Städte und auf das Land gebracht. Dort, in der Fremde, wurden sie ihrem Schicksal überlassen.

Dieses Schicksal blieb Gustav und seinen Freunden erspart. Dem

Druck, ihr Heimatdorf zu verlassen, konnten aber auch sie nicht ausweichen. Wenigstens waren sie bereits junge, starke Männer, als sie gemeinsam beschlossen, die Berge zu verlassen, um in der Fremde ihr Lebensglück zu suchen. Vor sechs Jahren zogen sie los. Sie entschieden sich, es im Westen zu versuchen, und als sie die Hügel und fruchtbaren Ebenen der Zahorie erreicht hatten, ergab es sich, dass sie stets im selben Dorf, auf denselben größeren Hofschaften Arbeit als Erntehelfer, Melker, Stallknecht oder Viehhirte fanden. So konnten sie einander zum Glück während der Jahre in der Fremde zur Seite stehen.

Seit zwei Jahren leben sie alle in Unin, und es sieht ganz so aus, als könnten sie dauerhaft hier sesshaft werden. Die Dorfgemeinschaft hat sie schnell akzeptiert. Junge, kräftige Männer, die ihr Leben mit Landarbeit verbringen wollen, sind in den Dörfern der Zahorie hoch willkommen. Besonders, da der Krieg auch hier einen mächtigen Blutzoll gefordert hat und viele Frauen mit ihren Kindern und den Alten plötzlich die Höfe allein durchbringen müssen.

Gustav freut sich auf das bevorstehende Wochenende. Der Sommerweizen steht gut, 1958 wird ein fruchtbares Jahr. Die drei Großbauern Unins haben daher allen Dorfbewohnern zum Wochenende ein Erntedankfest mit Tanz, Musik und freiem Wein versprochen. Schade nur, dass in der letzten Woche des Getreideschnitts mächtige Unwetter aus dem Osten die Berge herabziehen und immer näher kommen. Jeder Mann und jede Frau in Unin, die eine Sense führen, Fuhrwerke lenken oder einfach beim Garbenbinden und Verladen mit anpacken können, sind deshalb seit Tagen von früh bis spät auf den Feldern und bringen die Ernte ein.

Ivanka

»Unin ist der schönste Ort der Welt, wenn man 18 Jahre jung ist und verliebt.«

Auf dem Gutshof des Großbauern Alwin, den seine Vorfahren vor Generationen am westlichen Ortsrand von Unin errichtet haben, leben mit den Kindern und Frauen der Familie, dem lahmen Karl, der Gesundheit und Verstand im Krieg verloren hat, den Hofknechten, Mägden und Saisonkräften und dem eisernen Alten, wie sie den Großbauern nennen, insgesamt neunzehn Menschen. Das Leben auf dem Hof ist geprägt von harter Arbeit und des Alten Jähzorn, der stets über ihnen schwebt. Der Bauer verlangt viel und gibt wenig – das war so, das ist so, und so wird es auch bleiben. Einsam und mit harter Hand regiert er aus dem großzügigen Hauptgebäude des Anwesens sein kleines Reich. Den traurigen Rest der Familie, die mit ihm im Herrenhaus lebt und ihn dennoch oft tagelang nicht zu Gesicht bekommt. Das Gesinde in den rechts und links neben dem Familiensitz liegenden Stallungen und Wohngebäuden. Selbst das Vieh in den Ställen und Ausläufen verstummt, wenn der Alte mit seinem knorrigen Stock und seinen Reitstiefeln über den Hof stakt und gerne einmal einen kleinen Hieb nach links oder rechts verteilt. Sie alle leben satt und sicher bei ihm, doch gelacht wird selten auf Alwins Hof.

Aber heute ist es anders. Ivanka, Alwins älteste Enkeltochter, sitzt in ihrem Zimmer im ersten Stock des Herrenhauses auf dem Bett und bürstet ihr Haar. Ihr scheint es, als wäre sie fast allein in dem großen, kühlen Gebäude. Es ist still. Durch das offene Fenster ist lediglich das monotone Summen der Bienen aus dem Geäst der Hoflinde zu hören. Die Sommersymphonie der Zahorie. Gelegentlich blökt ein Schaf, wiehert eins der Arbeitspferde. Der Alte läuft die Stallungen ab und lässt das Vieh strammstehen. Hin und wieder dringt von unten ein leises Klappern aus der Küche zu ihr herauf. Alma, die Köchin aus dem Weinviertel, die als einzige vom Gesinde eine Kammer im Haupthaus hat, bereitet das Abendbrot vor. Alle anderen sind noch auf den Feldern. Nur Ivanka hat für den Rest des Tages frei. Ihre Arbeit im Hausgarten ist für heute getan, und so hat sie am Brunnenbecken ihr Sonntagskleid gewaschen und ihr Haar. Das Kleid hat sie anschließend zum Trocknen hinters Haus gehängt und sich in ihr Zimmer zurückgezogen. Im Haupthaus mit seinen mächtigen Steinwänden ist es auch während der Hundstage angenehm kühl. Noch drei Tage. Am Samstag soll die Getreideernte eingefahren sein, und in Unin werden sie tanzen und feiern. Ivanka lächelt, träumt in den Nachmittag hinein und summt eine Polka.

Im letzten Jahr beim Erntedankfest hat Klement zaghaft versucht, sie zu küssen, als sie abends weinselig am Feuer saßen. Sein Pech, dass der Alte ihn dabei beobachtet hat. Klement, der erst vor zwei Jahren mit Severin zu ihnen auf den Hof gekommen war, hatte danach lange nichts zu lachen gehabt. Der Alte hatte ihm noch am selben Abend mit einigen derben Stockschlägen sehr nachdrücklich klargemacht, dass der Weg vom Erntehelfer zum Familienmitglied auf Alwins Hof sehr beschwerlich ist. Aber in diesem Jahr hat der Alte ihn kaum schikaniert. Klement hat seine Lektion gelernt. Er ist mit den anderen auf den Feldern und mäht von früh bis spät. Wenn bloß das Wetter mitspielt.

Klement

Noch drei Tage. Klement kommt gut voran. Mit ruhigen, kleinen Schritten zieht er über Alwins Bergfeld. Rechts, links, Schnitt. Rechts, links, Schnitt. Am Bergfeld arbeitet er heute allein. Erst die steilen Stücke schneiden, dann die Schwaden zu Garben binden und in Reihen legen zur Abholung. In der Ebene arbeiten sie in Dreiergruppen. Er mäht dort Streifen für Streifen mit einem völlig anderen Schrittrhythmus. Etwa rechts, Schnitt, links. Der zweite Mann bindet die

Garben und legt sie in Reihen, und der dritte wirft sie auf das Fuhrwerk. Je nach Größe des Feldes arbeiten bis zu zehn Gruppen längs der Fuhrwerksgassen parallel. Klement kann nicht erklären, was beim Schneiden in der Ebene anders ist. Den richtigen Rhythmus muss jeder Schnitter für sich erarbeiten. Im letzten Sommer, als er zum ersten Mal für Alwin gemäht hat, musste er zunächst zeigen, was er konnte. Alwin hatte ihn nur auf den großen Feldern am westlichen Dorfrand eingesetzt, und immer war einer aus der Familie dabei gewesen. In den letzten Tagen der Getreidemahd hatte Ivanka seine Garben gebunden. Ivanka. Klement spürt plötzlich, wie sein Herz schneller schlägt. Noch drei Tage bis Erntedank.

Vorgestern, als er nach dem Abendbrot Severin noch geholfen hat, die Pferde abzuspannen und zu versorgen, stand plötzlich der Alte mit seinem Stock hinter ihnen im Stall. »Ihr Bergler gefallt mir nicht schlecht,« sagte er, und sie zuckten erst einmal zusammen. »Könnte sein, dass ihr am Samstag mit meinen Mädchen tanzen dürft,« fügte er hinzu, und dabei sah er Klement direkt in die Augen. Es wirkte, als hätte er dabei sogar ein klein wenig gegrinst. Der eiserne Alte, man wusste wirklich nie, was als Nächstes von ihm kam. »Es wäre gut, wenn ihr das Bergfeld noch trocken reinbringt.« Mit diesen Worten drehte er sich um, legte zwei Zigaretten auf den Schemel vor der Pferdebox und schlurfte aus dem Stall.

Nestavaj sa pri búrke pod stromy

Klement mäht und mäht. Rechts, links, Schnitt. Rechts, links, Schnitt. Am Mittag hat Pawel die erste Fuhre Garben geholt und ihm einen Korb mit Wasser, Brot und Wurst gebracht. Aber er hat sich kaum Zeit für eine Rast genommen. Die dunklen Wolken aus dem Osten haben die Ebene beinah erreicht. Immer wieder schaut Klement in die graue Wand, um sich anschließend nur noch verbissener durch das wogende Getreidemeer zu schneiden. Rechts, links, Schnitt. Ivanka. Rechts, links – das Bergfeld trocken reinbringen – Schnitt. Rechts, links, Schnitt. Die letzte Reihe. Gleich ist es geschafft. Klement spürt seine Arme kaum noch. Schnitt, Schnitt, Schnitt. Noch fünfzig Meter vielleicht. Er sieht schon die Grenzbuchen am Feldrand. Bis dahin, bevor der Regen einsetzt. Das Gewitter rollt bereits die Berge herab. Am Westhang sieht Klement den Regenschleier. Er zählt die Sekunden zwischen Blitzeinschlag und Donner. Fast eine Minute – also weiter. Rechts, links, Schnitt. Noch ist Zeit. Gleich ist das Feld gemäht. Noch etwa zehn Meter bis zur Buchengruppe. Es wird reichen. Die letzten Schritte, die letzten Schnitte. Klement hat das Bergfeld bezwungen. Ivanka, wir werden tanzen.

Frank Weidemann

Cornelia Schade – Davongekommen

Davongekommen

Wortlos hielten sie in ihrer Arbeit inne. Der Nordwind trug ihnen die Kriegsschreie der mordenden Söldner aus der Ferne zu. Die Erde schien zu beben. Anspannung durchzog Heinrichs Körper. Instinktiv hob er seine Sense als Waffe. Er spürte, wie seine Faust schmerzte. Die Bilder des vergangenen Sommers hatten sich unauslöschlich eingeprägt:

Wie die Sintflut waren sie in sein Haus gestürmt, hatten die Tür aus der Verankerung gerissen, brüllten und drohten. Er konnte nichts verstehen, hörte von draußen Schreie und Schüsse. Es roch verbrannt. Drei Männer standen mit gierigen, blutunterlaufenden Augen in seinem Haus, warfen um, was ihnen im Wege stand, schrien, wüteten, zertraten, was auf dem Boden lag. In letzter Sekunde konnte er Ben greifen, der mit ein paar Hölzern auf dem Boden spielte. Er drückte seiner Frau das wimmernde Kind in den Arm. Sie versteckte sich hinter den breiten Schultern ihres Mannes. Zitternd hielt sie den Knaben fest an sich gedrückt.

Heinrich riss seine Tochter an sich, doch sie entwand sich blitzartig seinem Griff. Für einen kurzen Moment trafen sich ihre Blicke. Sie wirkte plötzlich viel älter als dreizehn. Dieser Ausdruck in ihren Augen! »Anna!«, schrie er.

Doch sie hatte in Sekundenschnelle nach der Sense gegriffen und sich kampfbereit den Eindringlingen in den Weg gestellt. Sie konnte mit der Sense umgehen wie niemand sonst und das nicht nur auf dem Feld oder auf der Wiese. Er kannte die Unerschrockenheit seiner Tochter und wusste, sie war jetzt nicht mehr aufzuhalten. Sie stellte sich dem ungleichen Kampf. Er spürte die Anspannung in seinem Körper.

Maria stand noch immer mit dem kleinen Ben wie angewurzelt hinter ihm. Er zischte ihr zu: »Lauf! Lauf zu Matthies!«

Als sie mit dem Kleinen durch den Verschlag verschwand, nahm er das mehrmalige Aufblitzen der messerscharfen Sense wahr. Ohrenbetäubende Kampf- und Schmerzschreie erfüllten den Raum. Blutverschmiert wälzten sich die Angreifer auf dem Boden, bis plötzlich Stille eintrat. Entsetzt schaute er auf das, was geschehen war, dann auf seine Tochter.

»Sattle die Pferde, Vater! Wir müssen hier fort!« Ihre Stimme klang fremd.

Er tat, was sie befahl. Sie riss hastig die Betttücher von den Strohsäcken, warf sie über die toten Männer und packte etwas Proviant in den Beutel. Wortlos schwangen sich Vater und Tochter auf die Pferde und gaben ihnen die Sporen. Die Sense trug Anna wie ein Gewehr über ihrer schmalen Schulter. Bevor sie in der Dunkelheit des Waldes verschwanden, zog er die Zügel und blickte sich um. Er sah, wie Flammen auf sein Haus übergriffen. Für einen Augenblick drängte es ihn zurück. Doch dann spürte er die Hand seiner Tochter auf der Schulter.

»Sie werden nicht davonkommen!« Ihre Stimme klang fest und entschlossen.

»Heinrich,«, Maria legte ihre Hand um seine Faust, »sie sind weit weg. Wir sind hier in Sicherheit!«

Heinrich schaute sie einen Augenblick an. Dann blickte er auf Ben, der friedlich im Gras spielte, und auf Anna, die schon beinahe das ganze Feld abgemäht hatte.

»Ja«, sagte er, »lass uns die Ernte einfahren!«

Ein Sonnenstrahl ließ das Sensenblatt aufblitzen.

Cornelia Schade

Andreas Miller – Der Amboss

Der Amboss

Man hört ihn schon von Weitem, den signalorangefarbenen Opel Manta mit dem schwarzen Vinyldach, der ein bisschen röhrt und mit dem Josef von der Arbeit gleich zu seinem Schrebergarten fährt. Neben dem aus einfachen Latten zusammengezimmerten Gartenhäuschen wartet sein Neffe auf ihn.

»Hubi, reich mal die Hacke rüber!«

Zusammen marschieren sie zu dem großen Tiefbeet. Eine Reihe Weißkohl wechselt sich mit Rotkohl ab, dann folgen Wirsing, Kohlrabi und Rosenkohl. Dazwischen Dill, Sellerie und Lauch, die ein starkes Aroma verströmen sollen. Trotzdem will es den Kohlweißling nicht abhalten, unter die großen Kohlblätter seine gelblichen Eier zu heften, die bald, in Raupenform, mit dem Fraß beginnen werden.

»Wir Piepenbrocks waren schon immer Kappesbauern«, sagt Josef, ohne sich nach dem Jungen umzudrehen. »Aber der Kohlweißling ist nicht auszurotten. Der ist immer da. Manchmal kaum sichtbar. Aber ich weiß, dass wir uns hüten müssen, ihn nicht zu vergessen, ihn stets im Schach zu halten.«

Es war an einem Frühherbstnachmittag. Die Hitze ließ die Luft flirren und die Konturen verschwimmen. Eine schwarze Mercedeslimousine von Typ 170 V, gefolgt von zwei Ortspolizisten auf einer Zündapp K 500, bog in die Einfahrt und rollte über den Kiesweg auf den Hinterhof.

»Ist er da?«, fragte einer der beiden Fremden mit den SS-Runen am Kragenspiegel der schwarzen Uniform den Jungen, der eine Hacke geschultert hatte. Sie warteten keine Antwort ab, stiegen in zackigen Schritten die drei Basaltstufen zum Hauseingang empor und öffneten die schwere Eichentür. Die beiden Schupos blieben im Hof bei den Kindern, die sie am Morgen beim Spaziergang mit dem Großvater ins

Dorf mit einem »Gott segne Sie, Herr Wachtmeister« begrüßt hatten. Diesmal blieben sie stumm.

»Hat nicht viel zu bedeuten, Kinder, keine Bange«, brummte der ältere der beiden Ortspolizisten und schaute auf den Boden, als die Haustür hinter vier hochglänzenden Lederstiefeln mit Schwung ins Schloss fiel und die Kleinen anfingen zu weinen.

Der Junge warf die Hacke zur Seite und rannte hinter den beiden her. Sein Vater befand sich im Herrenzimmer, das neben der guten Stube lag, und studierte den *Münsterischen Anzeiger*, als die zwei Fremden zu ihm vordrangen und ihm einen Satz Flugblätter auf den dunkelbraunen Schreibtisch aus deutschem hartem Eichenholz knallten.

»Stammt das aus Ihrer Feder?« Der mit der roten Wollarmbinde und dem schwarzen Hakenkreuz auf weißem Rund kam gleich zum Punkt.

Josefs Gemüsegarten liegt neben der alten Fabrik. Hinter dem Backsteingemäuer, auf das jemand drei Plakate mit dem Aufdruck ›Damit Sie auch morgen in Frieden leben können. SPD‹ geklebt hat, werden sie tagtäglich geschmiedet. Die Sensen und Sicheln, die dem Einholen der Ernte dienen und mit denen auch die Quecken und Disteln, die den jungen weidenden Rindern schwer auf den Pansen schlagen, mit Schwung zurückgestutzt und gehalten werden.

»»Wir stehen nicht am Ende unserer Demokratie, wir fangen erst richtig an‹, das hat er versprochen, der Willy«, hat Josef seinem Neffen erzählt. Das Plakat hat Josef sich vom SPD-Ortsverein geben lassen und mit vier Kopfnägeln an die Außentür seines Gartenhäuschens gehämmert.

Der Vater starrte die beiden Gestapooffiziere für einen kurzen Moment an, nahm seine Zigarre aus dem Mundwinkel und drückte die Glut vorsichtig im Porzellanaschenbecher aus. Er schaute nicht auf die Flugblätter, die sich über den Schreibtisch verteilten.

»Was kann ich für Sie tun?«

»Was Sie für uns tun können?« Der mit dem gestutzten Bärtchen über der Oberlippe brauste auf. »Die Sauerei zugeben und Ihre Kumpanei offenlegen!«

»Ich kenne keine Sauerei! Was soll das hier?«

»Das trägt doch Ihre Handschrift. Ihre erzkatholische Gesinnung. Ein Hergereister aus dem Münsterland. Einer von denen, die so stur und harmlos tun, als hätten sie von Tuten und Blasen keine Ahnung.«

Der mit dem Bärtchen holte die beiden Schupos ins Haus.

»Wir beginnen jetzt mit der Hausdurchsuchung«, sagte er. »Im Keller fangen wir an und arbeiten uns nach oben durch. Irgendwo muss er die Matrizen und die Vervielfältigungsmaschine versteckt haben!«

»Rupf zuerst das Vergilbte ab. Wenn du die kleinen gelben Eier unter den dunkelgrünen, krausen Blättern findest, gib Bescheid«, weist Josef Hubi an.

Ein paar Spaziergänger halten am Gartenzaun kurz inne, hinter dem der Alte und sein Neffe arbeiten, nicken ihnen zu und setzen ihren Gang fort.

»Als die Gestapo auf unseren Hinterhof fuhr, war ich auch beim Hacken und Rupfen im Gemüsegarten, aber rannte gleich zum Haus«, sagt Josef unvermittelt.

Sein Neffe hebt für einen Moment den Kopf.

»Ich war damals im gleichen Alter wie du. Wir hatten Schulferien, und das hieß, ich musste mich im Haus und Garten nützlich machen. Erst danach durfte ich hinter dem Graben und den Schienen mit den Nachbarskindern auf dem Feld und im Wald verschwinden.«

»Hier ist nichts!«, erstattete der jüngere der beiden Schupos Zwischenbericht über die Durchsuchung des Gewölbekellers.

»Auf dem Dachboden weitermachen!«, wurden sie angewiesen, während die Gestapooffiziere die Schreibtischschubladen weiter durchwühlten und die Bücher aus den Regalen mit dem Rücken nach oben auf der Suche nach Verräterischem ausschüttelten.

Hubi bückt sich, dreht vorsichtig die äußeren Blätter eines Wirsings nach außen und schüttelt den Kopf.

»Ohm, bisher habe ich noch nichts entdeckt!«

»Such weiter«, ermuntert ihn Josef. »Er braucht nur ein paar Kohlblätter, um sich zu vermehren, und plötzlich ist er nicht mehr aufzuhalten.«

Josef geht in Knie und rupft mit etwas Kraft einen Trieb Ackerwinde aus der Erde.

»Dein Großvater wurde gewarnt!«

Er blickt den Neffen an und fährt mit dem Herausreißen der Wurzel fort.

»›Pass auf, die haben dich auf dem Kieker, wie 1934, als die Nazis dich aus dem Kreistag herausgeworfen haben‹, hatte ich die Mutter zum Vater flüstern hören. Hinter der Tür des Herrenzimmers.«

Der Junge schließt die Durchmusterung der Reihe Wirsing ab, hält kurz inne und beginnt, den Weißkohl abzusuchen.

»Sie fanden nichts, weil er sie gut versteckt hatte, die Vervielfältigungsmaschine und die restlichen Flugblätter«.

Josef deutet in die Ferne, als wenn er die Einfahrt der Scheune noch vor Augen hätte.

»Da lagen sie. Unter den Fußbodenbrettern des Taubenschlags über dem Scheunentor.«

Sein Oberkörper beginnt plötzlich hin- und herzuschwanken.

»›Wir sind Amboss und nicht Hammer!‹, las Vater uns eines Tages nach dem Abendessen vor. ›Seht einmal zu in der Schmiede! Fragt den Schmiedemeister, und lasst es euch von ihm sagen. Was auf dem Amboss geschmiedet wird, erhält seine Form nicht nur vom Hammer, sondern auch vom Amboss. Der Amboss kann nicht und braucht nicht zurückzuschlagen; er muss nur fest, nur hart sein. Wenn er hinreichend zäh, fest und hart ist, dann hält der Amboss länger als der Hammer!‹ Das ist aus der dritten Predigt des Bischofs von Münster.«

Als stehe er selbst auf der Kanzel, blickt Josef auf Hubi herab, der in der kurzen Lederhose auf dem Boden sitzt und seine Knie mit beiden Händen reibt.

Die Stimme des Onkels nimmt einen weichen, milden Ton an.

»Vater las uns abends nach dem Essen oft aus der Hausbibel vor. Sie war schon ganz abgegriffen, weil sie von seinem Vater an ihn weitergereicht worden war. Wenn er ein Kapitel beendet hatte, schob er eine Postkarte mit einer dörflichen Idylle als Lesezeichen zwischen die Seiten. Eine Schnitterin, die nach getaner Arbeit Rast an einer ans Kreuz genagelten Christusfigur bei einer Wegegabelung machte. Auf der Rückseite stand in schnörkelloser Sütterlinschrift ›Du sollst das Leben ehren‹.«

Josef setzt sich auf die wacklige Sitzbank vor dem Gartenhäuschen. Neben ihn, auf den großen Basaltstein, hockt sich Hubi hin, der einen weiteren Versuch unternimmt, die leicht schrumpelige Haut über den Knien glattzustreichen.

»Es war Ende des Sommers, als Vater vom Besuch bei seinem Vetter in Lüdinghausen zurückkam. Er hatte sie sich von ihm aushändigen lassen, die drei Predigten des Bischofs aus der Lambertikirche, um sie hier unter die Leute zu bringen, die von nichts eine Ahnung hatten oder so tun wollten. Dass geistig kranke Personen ...«

»Wie der brabbelnde Gottfried?«, unterbricht ihn der Junge mit brüchiger Stimme.

Josef schaut auf und blickt dem Neffen für einen Moment in die Augen.

»Ja, Menschen wie der arme Gottfried, die in entfernte Anstalten gebracht worden waren und dort plötzlich an Krankheiten starben und verbrannt wurden, sodass man die Todesursache nicht mehr überprüfen konnte«.

Hubi starrt auf seinen rechten Schuh und bemerkt, dass die Ledersohle sich ein Stückchen zu lösen beginnt.

»›Widersteht!‹, hatte dein Großvater zu uns Kindern gesagt. ›Das, was nicht rechtens ist, das muss aufhören, das ist nicht im Sinne unseres Glaubens, nicht Gottes Wort, und nur dem Herrn stehen wir in Wort und Rechtfertigung.‹ Und dann richtete er sich im Keller ein Schreibzimmer ein.«

Der Neffe schiebt den Schuh vor und zurück, als wenn er damit die sich lösende Sohle ein Stück weit wieder ankleben könnte.

»Er hatte den Plan geschmiedet, die drei Predigten abzutippen, und die beiden älteren Brüder, die auf Heimaturlaub waren – später an der Front fielen –, sollten ihm dabei helfen. Mehrere Nächte versammelten sie sich, um die Abschriften anzufertigen und zu vervielfältigen.«

Auf die Sense gestützt, stemmt sich Josef mit Mühe von der klapprigen Sitzbank hoch.

»Hast du das Plakat an der Litfaßsäule vor der Metzgerei Dulek gesehen?«, fragt er Hubi. Ohne eine Antwort abzuwarten, fährt er fort: »›Auf den Kanzler kommt es an‹, steht darauf.« Josef zieht ein spöttisches Gesicht.

Der Blick des Neffen fokussiert sich auf die Unterseite eines Blattes. Er hat ein paar Eier entdeckt.

»Der, der darauf abgebildet ist, hat von der Klarsfeld eine schallende Ohrfeige bekommen, weil er von allem nichts mehr wissen wollte, von seiner Vergangenheit in der NSDAP. Aber da gibt's nichts zu vergessen!«

Bedächtig zerdrückt Hubi die Brut zwischen Daumen und Zeigefinger. Eine gelbliche zähe Flüssigkeit tritt aus. Josef nickt ihm zu.

»Die Kopien der Predigten überreichte Vater denen, die noch wankten. In Briefkästen hat er sie geworfen, und im Zug hat er sie liegengelassen.«

Der Neffe blickt auf, hebt den Arm zum Schutz vor der sinkenden Sonne.

»Wir sahen Vater nach zwei Wochen Untersuchungshaft wieder.

Man hatte ihn mit dem Motorrad nach Koblenz ins Gestapogefängnis Vogelsang gebracht. ›Die schrecklichste Fahrt meines Lebens‹, sagte er. Mehr nicht. Kahlgeschoren hatten sie ihn.«

Mit einem Seufzer schließt Hubi die Untersuchung der Kohlblätter nach den gelblichen Eiern ab. Ein wenig tut ihm vom Bücken der Rücken weh.

»Wir hören für heute auf«, sagt Josef. »Wenn wir gemeinsam aufpassen, ihn in Schach halten, dann hat der Kohlweißling keine Chance. Auch diesmal nicht!«

Andreas Miller

Heinke Stulz – Die milliardste Minute

Die milliardste Minute

Sehr verehrter Herr Vater,

vor einer Woche noch habe ich ein angenehmes Leben gehabt. Ich schlenderte bei schönem Wetter nach der Arbeit an der Steinach entlang, ließ mich von der Sonne bescheinen und vergaß meinen kauzigen Chef. Die Scherzworte flogen zwischen mir und meinen Kollegen hin und her wie Schwalben.

Ihr wisst schon, Vater, dass ich nicht gerne in die Kirche gehe, vor allem nicht in Eure, darum bin ich hier nach St. Gallen gezogen, wo alles reformiert ist, so modern und für junge Menschen geeigneter als Eure alten römischen Traditionen.

Aber vor einer Woche saß ich mit den Kollegen im Biergarten am Rhein, obwohl es schon Mitte des Monats war und ich kein Geld mehr hatte. Da kam ein Bettel-Mönch daher, stellte sich unter einen der alten Kastanienbäume und begann zu predigen. Nach und nach wurden die Humpen immer seltener gehoben, nach und nach hörten die Leute, gerade noch so fröhlich, auf zu plaudern, eine Stille breitete sich aus und ließ seine Stimme deutlich werden.

»Wisst Ihr, wie viele Minuten seit Christi Geburt verflossen sind?«, schrie er heiser. Er hatte heute wohl schon zu vielen Leuten gesprochen. »Nein? Ihr Ungläubigen, Ihr wisst es nicht? Gott hat es nicht vergessen. Seit der Geburt seines Sohnes sind bald eine Milliarde Minuten verflossen. Hier auf Erden, als Geschenk von Gott an Euch Menschen. Und was habt Ihr daraus gemacht? Habt Ihr sie gut genutzt? Oder habt Ihr euch nur die Bäuche vollgeschlagen, so gut es eben ging, und vergessen, dass Ihr die Welt zu einem guten Ort machen solltet, für Eure Kinder und Kindeskinder. Das war Euer Auftrag, und Ihr habt ihn vergessen. Schaut Euch doch um. Ist das ein schönes Ort, an dem Eure Kinder als die Engel leben können, als die sie geboren werden? Nein, es ist ein Ort, an dem Ihr sie zu Teufeln erziehen müsst, damit sie überleben. Bald, schon bald, kommt die letzte Minute, und der Erzengel Gabriel wird herniederfahren und über Euch richten mit seiner Sense. Und damit Ihr daran denkt, lasse ich Euch diese Karten da, denn ich muss weiter, weiter, ich muss alle warnen. Ihr hattet Glück, dass Ihr hier wart und mich gehört habt.« Seine beschwörenden Hände sanken herab, er wandte sich um und hastete stolpernd davon.

Als ich den Namen Gabriel hörte, Vater, den Ihr mir zu meinem großen Missfallen gegeben habt, da wusste ich: Es ist ein Zeichen. Vielleicht war mein Name jetzt doch zu etwas nutze. Ich war erschüttert und mochte mein Bier nicht mehr trinken, das ich sowieso nicht bezahlen konnte, auch nicht mit den Scherzen weitermachen, die sich bald wieder einstellten. Die Stimme des Mönchs hallte in meinem Inneren. Also nahm ich, als ich mich davonstahl, eine der Karten, die auf einem Tisch am Zaun lagen, dahingeworfen von dem eiligen Mönch und von den Leuten schnell wieder vergessen.

Ich sah den grimmigen Todesengel darauf, mit seiner Sense und dem Stundenglas. Ob das Gabriel war? Er wird kommen und uns richten. Auch mich, der ich meine Religion verlassen habe, um den Sonntag frei zu haben. Der ich gottlos geworden bin und Schulden gemacht habe. Der nur den Annehmlichkeiten des Tages hinterherläuft. Der nach St. Gallen gezogen war. Der vor seinem Vater geflohen ist. Dem aber die Mutter immer noch die Wäsche wäscht. Obwohl ich schon Geheimratsecken habe.

So sah ich mich plötzlich wie einen Fremden in meinem eigenen Leben und konnte mich genau betrachten. So wird auch der Erzengel Gabriel mich sehen, den anderen Gabriel, wenn er kommt, um über mich zu richten. Was ich sah, gefiel mir nicht, und dem Erzengel wird es wohl auch nicht gefallen.

Viel verzehrt, noch mehr genossen und nichts bezahlt. Ich spürte, wie der Erzengel seinen Finger in meine Schulter bohrte, er war größer als ich: »Du hättest dich mehr anstrengen können, dann wärst Du längst nicht mehr der Apothekergehilfe.« Ich glaube, er hatte Eure

Stimme, Vater, auf jeden Fall waren es Eure Worte: »Lieber mit den Mädchen schäkern und keine heiraten, lieber Bier trinken, aber kein Haus bauen. Schon lange bist Du nicht mehr jung, Du hast es nur nicht gemerkt. Jetzt aber kommt der Moment, die milliardste Minute, da werden alle gewogen, gemessen und abgeurteilt. Niemand sagt mehr ›morgen‹ oder ›bald‹, nein, jetzt ist Gerichtstag, und jeder wird für das gehalten und bestraft und belohnt, was er in diesem Moment hat und ist. Es gibt keine Zukunft mehr für Dich, Gottes Geduld ist am Ende, so wie Du jetzt bist, wirst Du vor ihm stehen, und er wird das Urteil fällen über Dich.«

Mir wurde schwarz vor den Augen, wie eine große Glocke dröhnte die Stimme in meinem Kopf, ihre Schwingung ließ mich erbeben. Ich musste mich auf eine Bank am Rhein setzen und wieder zu mir kommen.

Da fasste ich einen Entschluss, den Ihr gerne hören werdet, Vater: Wenn die milliardste Minute vorbeigeht, ohne dass die Welt ins Wanken gerät, werde ich ein würdiger Sohn werden. Ich werde wieder in die Kirche gehen, ich werde mich einer Burschenschaft anschließen, denn allein bin ich schwach, und werde mich verheiraten, irgendwann. Das soll meine Buße sein. Wenn der große Gabriel den kleinen Gabriel verschont, dann, Vater, tu ich, was Du schon immer gewollt hast.

Ich kenne eine katholische Burschenschaft, es scheinen tüchtige Leute zu sein, die alle sehr auf sich halten. Allerdings brauche ich dann Geld für einen neuen Rock. Weil sie in reformiertem Gebiet leben, können sie keine katholischen Gesangsbücher kaufen, deshalb ist es bei ihnen Brauch, dass jeder Neuankömmling ein neues Gesangsbuch mitbringen muss.

Deshalb, lieber Vater, auf der Postkarte seht Ihr, wie es mir geht, morgen ist der Tag der milliardsten Minute! Wenn die Mutter mir bis Donnerstag das Gesangsbüchlein schicken kann, dann werde ich,

falls diese Katastrophe an uns vorübergeht, für Euch aus vollem Halse
Halleluja singen. Aber dafür brauche ich dann auch Geld.

In Dankbarkeit,
Dein Sohn
Gabriel

Heinke Stulz

Das Literaturlabor Leverkusen

Im August 2021 traf sich die Gruppe zu einem abschließenden Workshop im Sensenhammer. Vier Teilnehmer konnten an dem Treffen nicht teilnehmen.

(v.l.) Ulrich Bornewasser, Manfred Gottschalk und Stefan Andres präsentieren die Anthologie »Traumbilder« vor der Buchhandlung Gottschalk in Leverkusen. Auch die neue Anthologie »Sensenträume« wird in den lokalen Leverkusener Buchhandlungen ausliegen.

Autorinnen und Autoren

Marion Bendix
Wenn sich eine Geschichte in ihrem Kopf entwickelt, will sie da raus. Da spielen Tageszeit oder gerade laufende Beschäftigungen keine Rolle. Meist fängt es mit einem Satz an, der einfach keine Ruhe gibt. Was dabei herauskommt, weiß Marion selbst erst, wenn es geschrieben steht.

Heinke Stulz
Wörter, Worte, Sätze und Bilder. Ein Baukasten, um unbekannte Lebensräume zu erschaffen. Ob sie besser sind? Farbiger? Wärmer? Klarer? Dichter? Es ist immer ein neuer Versuch. Ein literarisches Konstrukt, ein alternativer Lebensentwurf, ein Spiegelkabinett.

Ulrich Bornewasser
Leverkusen ist voller Geschichten. Mit dem Literaturlabor gebe ich ihnen eine Heimat. Und die Wortakrobaten machen sie sichtbar in den »Sensenträumen«.

Michaela Gawlick
Reden ist Silber, Schreiben ist Gold. Geschichten an- und auszuprobieren ist die Leidenschaft der freien Texterin. Ihr Kater Scotty hofft auf eine Hauptrolle. Zu Recht? Bleiben Sie dran!

Nina Kett
hat zwei kleine Söhne, schreibt, liest, singt und interessiert sich für die alltäglichen Absurditäten menschlichen Miteinanders. Spricht sechs Sprachen fließend und versteht doch immer nur die Hälfte.

Christian Linker

schreibt Romane für Kinder, Jugendliche und Erwachsene und teilt die Begeisterung für seinen Beruf gern in Workshops und Schreibgruppen.

Andreas Miller

musiziert gerne, aber über das, was ihn im Innersten tief bewegt, schreibt er lieber. Seine Lyrik und Kurzgeschichten handeln meist vom Scheitern des Menschen und von den Narben, die er davonträgt, die ihn aber auch als Menschen ausmachen.

Florian Penven

19 Jahre. Leseratte, Rollenspieler, Träumer. Betrachtet die Welt gern durch ein Kaleidoskop. Das Motto lautet »L(i)ebe das Chaos«, denn der gerade Weg zum Ziel ist vielleicht der einfachste, aber nicht immer der unterhaltsamste.

Anja Reetz

Schreiben ist ein Ort, an dem sie ihrer Kreativität freien Lauf lassen kann. Sie bezeichnet sich als eine Wortsammlerin, die gerne lacht. Außerdem fotografiert sie am liebsten Blumen. Warum? Sie halten still und laufen nicht weg und sehen immer großartig aus.

Cornelia Schade

möchte mit ihren Erzähltexten berühren und herausfordern. Ihre Geschichten spiegeln gelebtes Leben. Manche bringen den Leser zum Lachen, manche machen traurig. Andere wiederum regen zum Nachdenken an. Eine Selbstbegegnung ist erwünscht.

Regina Schleheck

liest, literaturt, lehrt, lektoriert, leitet das LitLabLev.

Hans Schmitz
schreibt vor allem Kurzgeschichten, gern mit speziellem Zeitbezug. Gewann 1998 den ersten Preis beim Leverkusener Kurzgeschichtenwettbewerb.

Marie van Veen
23, junge, aufstrebende Autorin aus Leverkusen, die ihre Passion zu ihrer Arbeit machen will. Schreibt, seitdem sie schreiben kann. Überall, wo Luft nach oben ist, möchte sie auch hin.

Frank Weidemann
Jahrgang 1958, Wahlleverkusener, liebt das Rheinland, seine Menschen, die Natur; schreibt und erzählt Geschichten – von dem, was ist, und von dem, was sein könnte.

Sensenhammer bei Tag

Das Industriemuseum Freudenthaler Sensenhammer

Von Jürgen Bandsom

Etwas außerhalb des Leverkusener Stadtteils Schlebusch befindet sich, sehr idyllisch im Freudenthal gelegen, eine frühindustrielle Fabrikanlage. Mit Hilfe der Wasserkraft des Flusses Dhünn wurde hier seit 1778 Eisen verarbeitet und ab 1837 die Produktion der bekannten Sensen und Sicheln der Fa. Kuhlmann & Söhne aufgenommen. Deren Markenzeichen war ein Herz mit den Initialen K & S. Der Schlebuscher Sensenhammer zeigt die starke Verwurzelung Leverkusens mit dem Bergischen Land, seiner Wasserkraftnutzung und dem gekonnten Umgang mit Stahl.

Vor allem aufgrund der Mechanisierung der Landwirtschaft, in der Mähmaschinen den massenhaften Gebrauch der Sensen ersetzten, musste 1987 nach 150 Jahren die Produktion eingestellt werden. Doch auch heute noch sieht die Schmiedehalle mit ihren historischen Maschinen, den Transmissionen und dem vorhandenen Werkzeug so aus, als wären die Schmiede gerade einmal zur Pause gegangen.

Dieser kulturelle Wert wurde von Leverkusener Bürgerinnen und Bürgern erkannt, und der neu gegründete »Förderverein Freudenthaler Sensenhammer« sorgte dafür, dass die Fabrik erhalten blieb und 2005 als Industriemuseum eröffnet werden konnte.

Das Sensenwerk mit den umliegenden Arbeiter und Fabrikantenhäusern ist heute ein hervorragendes Beispiel für eine frühindustrielle Anlage. In dem »lebendigen Museum« werden bei Vorführungen zahlreiche historische Maschinen und Öfen in Betrieb genommen. Dadurch lassen sich die früheren Arbeitsbedingungen und Fertigungsmethoden eindrucksvoll erfahren. Aber auch die notwendigen Techniken und das individuelle Können der Arbeiter wird mehr als deutlich.

Nach wie vor besitzt das Schmieden einen hohen Stellenwert in der Industrieanlage.

Außerdem werden in der Dauerausstellung die Firmengeschichte, die Arbeitsstrukturen in der Fabrik und die Bedeutung von Sensen und Sicheln in der europäischen Kulturlandschaft gezeigt.

Der »Sensenhammer« ist gleichzeitig ein Bildungs- und Kulturort geworden. So finden in der Schmiedehalle Konzerte, Theateraufführungen und Lesungen statt. Die Galerie bietet regelmäßig Kunst- und thematische Wechselausstellungen. Zudem werden zahlreiche Angebote zur kulturellen Bildung durchgeführt. Dazu gehören Schmiedekurse ebenso wie das Programm »Die kleinen Sensenschmiede«, das sich an Grundschüler*innen richtet und Technik vor Ort erlebbar macht.

All dies lebt durch die vielen ehrenamtlichen Mitglieder des Museumsteams, die das Industriemuseum unterhalten und mit neuen Projekten immer wieder neu beleben.

Postkartenausstellung »Kleine Welt der großen Sensen«

Das Industriemuseum Freudenthaler Sensenhammer zeigt in einer Wechselausstellung eine private Sammlung von historischen Postkarten, die sich mit dem Thema »Sensen und Sicheln« befasst.

Die in ihrer Vielfalt einzigartige Spezialsammlung umfasst ca. 130 teils versendeter und teils nicht benutzter Karten aus der Zeit von ca. 1880 bis ca. 2000.

Mit Hilfe der Postkarten lassen sich viele Facetten zu den Werkzeugen »Sensen und Sicheln« aus einer besonderen Perspektive aufzeigen. Denn Ansichtskarten sind in erster Linie Verkaufsprodukte oder dienen als Träger von (Werbe-)Botschaften. Sie sind deshalb immer auch ein Ausdruck des entsprechenden Zeitgeschmacks. Beschriebene Karten zeigen zudem eine kurze Momentaufnahme aus dem Leben eines(r) Zeitgenoss*in, einen Einblick in den Alltag. Was ist aus diesen Menschen geworden, was geschah davor und in den Folgejahren?

Mit Postkarten allein kann natürlich keine umfassende kunst- und kulturgeschichtliche Betrachtung der Sensen und Sicheln erfolgen, es lassen sich aber interessante Aspekte besonders beleuchten. Dies führt mitunter zu durchaus überraschenden Erkenntnissen.

Die Ausstellung gliedert sich in verschiedene Kapitel, die jeweils eine Thematik gezielt beleuchten.

Neben Darstellungen des idealisierten bäuerlichen Lebens haben viele Karten die Vergänglichkeit zum Thema, wobei der Sensenmann als Metapher für den Tod immer eine große Rolle spielt. Mit dem Aufkommen der Fotografie werden realistischere Bilder des Landlebens möglich. Aber auch Abbildungen von Sensenschmieden, Karikaturen und künstlerischen Karten gehören zum Repertoire. Die Ausstellung endet mit dem Ausblick auf eine neue Zeit, in der Sensen durch die Mechanisierung der Landwirtschaft ihre Bedeutung verlieren.

Jürgen Bandsom ist Diplom-Restaurator und leitet seit 2019 das Industriemuseum Freudenthaler Sensenhammer. Als das Literaturlabor Leverkusen während der Corona-Pandemie einen großen, luftigen Tagungsraum benötigte, bot er den Autor*innen erst Obdach – und dann mit der Postkartenausstellung eine großartige Inspiration.

Sensenhammer bei Nacht